親が倒れた！ときの

「手続き」と「お金」。

さて、どうする

入院・介護「はじめて」ガイド

平成30年介護保険改正ポイントもチェック

監修

服部万里子●看護師／社会福祉士／主任介護支援専門員／一般社団法人日本ケアマネジメント学会理事研修委員長

黒田尚子●CFP®／1級ファイナンシャル・プランニング技能士／消費生活専門相談員資格

主婦の友社

はじめに

介護にかかわる制度は複雑でややこしくて、漢字も多くてわかりにくい！　……そう思った人のために、この本があります

「いつか親の介護をしなくちゃいけないんだろうな」

さし迫らないうちは、ぼんやり・ふんわりイメージするだけなのが「親の介護」です。にもかかわらず、多くの場合、始まるときは突然です。この本を手にとった人も、もしかしたらそうかもしれませんね。

「今後どうなるのか？」はだれにもわかりませんし、「どうすれば正解か」もありません。親の要介護度によっても、病気やケガによっても、子ども世代の家庭環境も、かかえる事情も、そして親子の関係も、家庭ごとに違うからです。

けれど、すべての人に共通して言えることがひとつだけあります。それは、介護保険制度や自治体の支援制度などを知り、利用したほうが絶対によいということです。

ところが、この制度はとてもややこしくてわかりにくいうえに、改定が繰り返されています。インターネットの情報は玉石混交。どの情報が最新なの？　私の親の場合はどれがあてはまるの？　とパソコン画面を前に頭をかかえている人も少なくないはずです。

しかも制度の名前は漢字の羅列で、パッと見では何を示しているのかわかりません。たとえば、「介護老人保健施設」と「介護老人福祉施設」は何が違うの？　「居宅介護」「通所介護」「施設

介護」の違いは？　さらに登場人物（ソーシャルワーカー、ケアマネジャー、ヘルパーなどなど）も数が多く、だれが何をする人なのかもいまひとつわからないので、だれを頼ればいいのかもわかりません（これらの答えは、第2章をお読みください）。

この本では、そんな基本の言葉をできるだけていねいに解説しています。人も、施設も、サービスも、お金についても。そして第1章では、介護の「はじまり」にどう動けばいいのかを、ケース別に紹介しています。親が「倒れた」場合と、「もの忘れがひどくなった」場合とでは、最初に頼る相手も、相談する場所も違ってくるからです。

期せずして私たちの親世代は、未曾有の高齢化社会に向かう波の、先頭集団になりました。つまりそれは、子ども世代が「少人数で多くの高齢者の介護を担う最初の世代」になったということです。

「介護について、何も知らない」「不安いっぱい」というのは当然のこと。そんな子ども世代が手にとるファーストブックとしてこの本を作りました。パラパラとめくってみてください。「あ、これが知りたかった」と思う言葉が、きっと目に飛び込んでくるはずです。

２０１８年8月

主婦の友社　親の介護・取材班

「手続き」と「お金」。さて、どうする
入院・介護「はじめて」ガイド

目次

第1章

疑問だらけの入院・介護ライフ。
「はじまり」ケース別で対応策を考えてみる

身体介護、認知症介護、医療的な介護

監修／服部万里子

第2章 介護保険の活用術

介護は「在宅で」「地域で」が常識に。でも、待っているだけではなんのヘルプも受けられない

監修／服部万里子

第3章

倒れる前に、入院したら、介護が始まったら……もめない&損しない&後悔しないための
お金の話

監修／黒田尚子

第1章

疑問だらけの入院・介護ライフ。
「はじまり」ケース別で対応策を考えてみる

身体介護、認知症介護、医療的な介護

監修●服部万里子

看護師／社会福祉士／主任介護支援専門員／
一般社団法人日本ケアマネジメント学会理事
研修委員長

介護ライフの「はじまり」。代表的3ケース

親の介護とひと口に言っても、その原因が違えば、家族がすべきことも違うのです。

身体介護、認知症の介護、医療的な介護とは？

介護という言葉で、思い浮かべるイメージはそれぞれ違うと思います。介護用ベッドで寝ている姿だったり、車いすを押している姿だったり……。しかし、実際の介護で家族が担う役割は、ほんとうに千差万別。親の病状や身体能力などで異なります。この章では、3人の高齢者とその子どもたちの行動を追いかけながら、「親の介護」で子どもは何をするのか、具体的なイメージを持っていただきたいと思います。

ここでは具体的な**介護ケースとして3つの種類**に分けました。ひとつは**身体介護**。体が不自由になり、動きにくくなった高齢者のためのサポートです。車いすを押したり、食事や排泄の手伝いなどがここに入ります。

そして、**認知症の介護**。記憶や認知能力が衰えてきた高齢者の、行動や心をサポートする介護です。

さらに、**医療的な介護**。国の方針からも、在宅で死を迎える高齢者は、今後増えてきます。その場合は、医療面でもかかわりながら介護をすることになります。

この**3つはそれぞれ独立しているわけではなく**、すべての人に共通にかかわってきます。

介護の原因のトップ3は①認知症、②脳血管疾患（脳卒中）、③高齢による衰弱（老衰）（平成28年国民生活基礎調査）、そして日本人の死因のトップは悪性新生物（がん）です（平成28年人口動態統計）。この章では、脳血管疾患、認知症、がんの3人の親と、その「主たる介護者」である子どもの姿を追いかけたいと思います。

ケース1

「はじまり」は、
脳卒中

A子さん
75歳・一人暮らし

突然ろれつがまわらなくなり、脳梗塞で倒れたA子さん。左半身に麻痺《まひ》が残り、車で1時間のところに住む長女が「主たる介護者」に。

ケース2

「はじまり」は、
もの忘れ

B代さん
77歳・娘と二人暮らし

70代前半ごろからもの忘れがはげしくなり、認知症と診断されたB代さん。「主たる介護者」は、フルタイムで働く同居の娘です。

ケース3

「はじまり」は、
がん末期

C夫さん
84歳・妻と二人暮らし

肺がんのステージ4と診断され、積極的な治療はしないと決めたC夫さんは在宅死を希望。近居の長男が「主たる介護者」。

1

はじまりは「親が倒れた」。さて、どうする？

脳梗塞のA子さんの場合

介護の原因の上位に入る脳卒中。脳梗塞のA子さん（75歳）のケースを見ていきましょう。

突然の脳梗塞。大病院に救急搬送！

2年前に夫を亡くし、住み慣れた家で一人暮らしをしていたA子さん。2人の子どもは結婚して家庭を持ち、長男は仕事の関係でアメリカに、長女は車で1時間程度の場所に暮らしていました。

長女の携帯にA子さんからの電話がかかってきたのはある朝のこと。「なんだか、顔の左半分がうまく動かない気がする。これから病院に行ってこようと思う」と話すものの、言葉もあまり明瞭ではありません。もしや……と思っていたら、数時間後、かかりつけ医から「市内の総合病院に救急搬送された」という連絡が入ったのです。脳梗塞《こうそく》でした。

倒れたときのための「準備」あれこれ

どんなに元気にしていても、親が「**突然倒れる**かもしれない」という覚悟は必要です。持病や症状、飲んでいる薬、かかりつけ医や病院の担当医の名前などを記したメモ、健康保険被保険者証、介護保険被保険者証、お薬手帳は、**日ごろから共有しましょう**。

入院が決まれば、入院手続きを子どもが担うケースも多いもの。そのひとつが**連帯保証人**になることで、保証書へのサイン、捺印などが求められます。「2名以上」「本人と別世帯」などの**条件**があったり、入院時に5万～10万円程度の**保証金をおさめる**病院も。クレジットカードが使えない場合もあり、いざというときに備えてすぐ動かせる現金を用意しておきたいものです。

入院準備リスト

※入院する病院から渡される「入院の案内」に従って、手続きに必要なもの、入院に必要なものを準備します。
※一般的には以下のようなものの持参を指示されることが多いので、日ごろからどこにしまってあるかを親に確認しておきましょう。

	入院手続きに必要なもの
□	①受診カード(外来で診療したことのある病院であれば)
□	②健康保険被保険者証、介護保険被保険者証、介護保険負担割合証、負担限度額認定証、など
□	③公費受給者証(持っている人のみ)各病院の窓口で、『証明書』の件を相談、確認してください。
□	④高額療養費限度額適用認定証(くわしくは P.115 参照)
□	⑤前医の退院証明書 直近 3 カ月以内に他の医療機関に入院したことがある場合のみ
□	⑥病院から渡される入院保証書
□	⑦現在、服用している薬や説明書(一般薬、健康食品を含む)、お薬手帳

	入院に必要なもの
□	①下着類
□	②病衣(ねまき)(病院でも貸し出していることも)
□	③洗面・入浴用具 歯ブラシ、歯ミガキ、くし、洗面器、シャンプー、せっけん、ひげそり
□	④食事用品 箸、スプーン、湯飲み
□	⑤その他日用品 ティッシュペーパー、タオル、バスタオル、寒いときに着るカーディガンなど
□	⑥病棟内でのはき物　かかとがあるゴム底の運動靴タイプ。(スリッパやサンダルは脱げやすくすべりやすいのでNG)
□	⑦テレビ用のイヤホンなど
□	⑧現金(売店で使用する程度)
□	⑨その他、各診療科から指示のあったもの(紙おむつなど)

医師に聞くことリスト

□	①病名と症状。今後の経過(どのような状態になるか、元の体に戻るか、命にかかわるか否か)
□	②検査や治療(手術)の有効性と副作用 [目　的]何のため、どこを調べ、治療するのか。 [効　果]検査でどのようなことを調べ、治療でどの程度の回復が期待できるのか。 [必要性]検査、治療を受けないと、どうなるのか。 [方　法]検査、治療はどのようにするか。検査、治療による苦痛はあるか。 [リスク]検査、治療による危険はあるのか。リスクの頻度はどのくらいか。また、その治療をすすめる理由、メリットは何か。 [注　意]検査、治療の前後に気をつけることはあるか。 [その他]費用はどのくらいかかるか。他の選択肢はあるのか。術後の様子、経過、注意点、副作用など。
□	③退院までのだいたいの予定(目標)スケジュール

2

病院は長居NG。入院したらすぐに退院準備？

脳梗塞の
A子さんの場合

A子さんの治療は無事終了。ホッとひと息……と思いきや、退院後の話をされてびっくり。

片側に麻痺があるのに2カ月以内に転院？

なんとか一命をとりとめたA子さん。しかし、左半身に麻痺が残り、立ち上がりや歩行に支障が出ました。長女が「これから病院でゆっくりリハビリするのね」と思っていると、看護師に「ご自宅に戻るプロセスについてご相談させてください」と声をかけられました。その人は**退院調整看護師**（⇒P.50）。え？　まだ**搬送されて4日目**なのに、もう**退院の話**ですか？

高齢者の入院、課題はどう退院するのか

現在、病院の役割分担は明確化されています。A子さんが運ばれたような**急性期病院（病棟）**は、生死にかかわる患者を救うことに特化した病院です。しかし、日常生活に復帰するためには、病状が安定した回復期（発症後1～2カ月）に集中的かつ専門的なリハビリをすることがとても重要になります。その役割を担うのが、**回復期リハビリテーション病院（病棟）**です。理学療法士（PT）、作業療法士（OT）、言語聴覚士（ST）などの専門職（⇒P.75）が、歩く、食べる、排泄するといった日常的な動作に働きかけるリハビリを進め、そのうえで自宅へと戻るのが一般的な流れです。ただし**入院の条件**は厳しく、脚の骨折は転院できても腕はダメ。**転院までの期間**も、脳卒中の場合は発症から2カ月以内です。病院によっては在宅復帰を目指した退院支援に特化した**地域包括ケア病棟**があり、そこに移る場合もあります。

A子さんの回復までのイメージは？

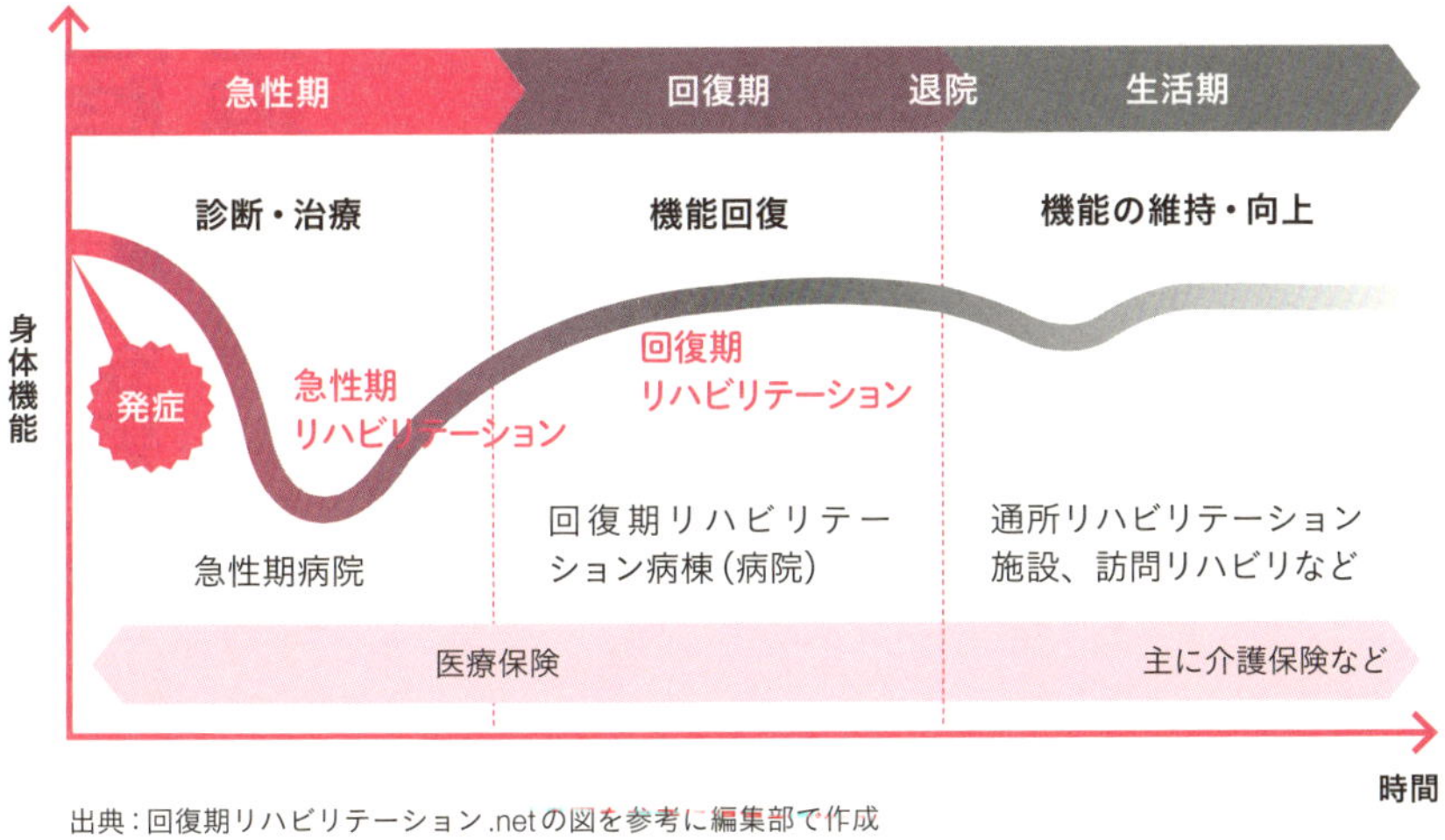

出典：回復期リハビリテーション.netの図を参考に編集部で作成

回復期リハビリテーション病棟の対象になる患者は？

	疾患	発症から入院までの期間	病棟に入院できる期間
1	脳血管疾患、脊髄損傷、頭部外傷、くも膜下出血のシャント手術後、脳腫瘍、脳炎、急性脳症、脊髄炎、多発性神経炎、多発性硬化症、腕神経叢損傷等の発症または手術後、義肢装着訓練を要する状態	2カ月以内	150日
	高次脳機能障害を伴った重症脳血管障害、重度の頸髄損傷および頭部外傷を含む多部位外傷		180日
2	大腿骨、骨盤、脊椎、股関節もしくは膝関節の骨折または二肢以上の多発骨折の発症後または手術後の状態	2カ月以内	90日
3	外科手術または肺炎等の治療時の安静により廃用症候群を有しており、手術後または発症後の状態	2カ月以内	90日
4	大腿骨、骨盤、脊椎、股関節または膝関節の神経、筋または靭帯損傷後の状態	1カ月以内	60日
5	股関節または膝関節の置換術後の状態	1カ月以内	90日

3

脳梗塞のA子さんの場合

転院先はどこ？退院調整看護師や医療SWに聞け！

突然始まる介護生活。その準備は入院中から始めましょう。相談先も院内にあります。

母の退院後の生活、いったいどうする？

A子さんの長女は、目の前が真っ暗になりました。「介護」の2文字が生々しく迫ってきたのです。単身でアメリカに渡っている兄に頼れるはずもなく、かといって狭い自宅マンションは中学生&高校生男子2人と夫でギュウギュウ。母を連れて帰ることは不可能だし、パートとはいえ週4日の仕事もある。回復期リハビリテーション病院に転院したとしても、そのあとは？

困ったときは病院の相談支援センターへ

退院後、いったいどうする？……これが現代高齢者の共通の大問題です。原因となった病気が治っても、後遺症があったり、回復に時間がかかったり、廃用症候群（入院中にあまり動かないことによる筋力や認知機能の低下などのトラブル）になったり。回復期リハビリテーション病院でリハビリすることはたいせつですが、そこにいられる期間は限られています。「これからどうする？」と悩んだときには、**専門家に相談**するのが一番です。それも、親がまだ**入院している間**に。

まず頼りたいのは、**退院調整看護師**です。在宅での療養を見すえて、転院先を検討したり、介護保険の申請相談に乗ってくれたりします。また、病院内の相談支援センターや医療連携室（名称は病院ごとに違います）には、**医療ソーシャルワーカー**（⇒P.50）がいて、在宅復帰してからの生活のことや、治療費や療養費などの不安にも対応してくれます。

急性期病院からの転院先リスト

回復期リハビリテーション病棟・病院

脳血管疾患や大腿部骨折などの急性期を脱したものの、まだサポートが必要な患者に、リハビリの専門職による集中的なリハビリをおこなう。入院は「回復期」に限定される。

地域包括ケア病棟

急性期を過ぎて病状が安定しても、自宅や施設での生活に不安がある患者に、継続したリハビリや経過観察、在宅復帰までの環境調整をおこなう。入院期間は最大60日。

介護老人保健施設

介護保険で入居できる施設の中でも、リハビリを中心とする医療的なケアが受けられるのが介護老人保健施設(⇒P.101)。回復期リハ病棟からの転居も多いが、入居条件や入居期間は限られる。

介護医療院

長期にわたっての医療的ケアを必要とする人のための療養病床。中心静脈栄養、24時間持続点滴、人工呼吸器の使用などの患者のほか、リハビリを必要とする患者の受け入れも。

A子さんの退院までの流れは？

急性期病院

救急車で運ばれ、ここで命を救うための治療を受ける。

▶ 発症から2カ月以内

回復期リハビリテーション病棟

同じ病院内のリハ病棟に移り入院。その間に自宅改修。

▶ 最長150日

自宅

・介護保険で自宅改修、訪問看護、訪問リハビリなどを利用

入院中に改修をすませた自宅に戻って在宅介護スタート。

脳梗塞の
A子さんの場合

4

入院中に介護保険を申請しよう

退院までの流れが見えたら、在宅復帰に向けての準備を始めましょう。まずは介護申請です。

介護サービスを1割で受けられるってホント？

「私は家で暮らしたい」。退院調整看護師との面談で、A子さんは主張します。長女が「私は毎日の世話はできない」と言うと、「あんたたちに迷惑はかけない」の一点張り。イヤイヤ、そんなのムリだから！　長女の頭に血が上りそうになったとき、看護師はこう言いました。「介護サービスを入れれば、A子さんでも在宅療養は十分可能だと思いますよ」。介護サービス？　ホームヘルパーとか？　めちゃくちゃお金がかかるのでは？　と及び腰の長女に、看護師は「介護保険ですから、A子さんの場合は1割負担ですよ」とニッコリ。

えー？　それってどうすれば使えるんですか？

まずは要介護・要支援認定を受けましょう

介護保険では、**介護が必要になった人に1〜3割の負担で介護サービスを提供**しています。財源は、40歳以上の人が健康保険料といっしょにおさめている介護保険料、そして税金。使うときには申請をして、要介護・要支援認定を受けなくてはいけません。詳細は次の章にありますが（⇒P.56〜59）、覚えておいてほしいのが、**「申請しないとサービスは受けられない」**ということです。申請から認定されるまで30日ほどかかり、認定されれば申請日までさかのぼって保険がききます。申請は用紙を1枚提出するだけで、無料です。申請場所は、**親が住んでいる**市区町村の介護保険担当窓口や地域包括支援センターで。申請は家族でも代行できます。

介護保険は申請しなくちゃ利用できない！

申請書の提出（⇒ P.58）
市区町村窓口へ

記入した申請書と、親の「介護保険被保険者証」を持参。

かかりつけ医が記入する。

主治医の意見書（⇒ P.60）

調査員が自宅や病院などに来て状態確認。

認定調査（⇒ P.58）

↓

コンピューターで分析（一次判定）

↓

介護認定審査会で判定（⇒ P.60）

市区町村から任命された３〜５人の多職種の人が認定。

▼

要介護認定（⇒ P.62）

申請から30日以内に、申請者の自宅に結果が郵送で届く。

非該当

自立度が高いとみなされ、要支援や要介護を受けなくてもよいと判断。介護サービスは利用できない。

要支援１・２

要介護状態になるおそれがあり、日常生活に支援が必要と判定。介護予防サービスが受けられる。

要介護１〜５

心身の状態が悪く、介護サービスを受ける必要があると判定。数字が大きくなるほど要介護度は高い。

入院中に申請すれば、
認定調査員が病室まで来てくれますよ

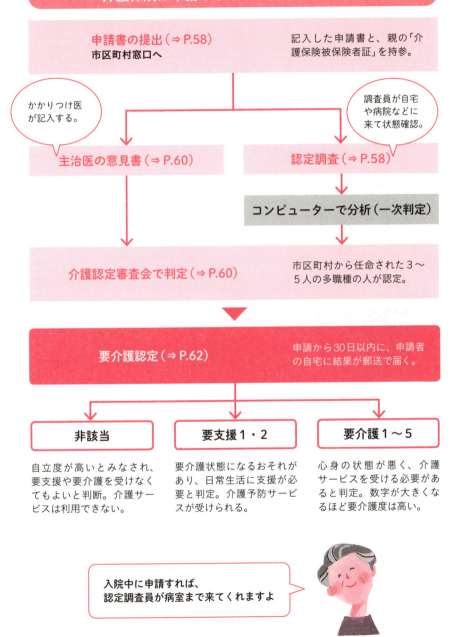

脳梗塞の
A子さんの場合

5

ケアマネを選び ケアプランの作成スタート

要介護と認定されたら、ケアマネジャーに「どんなサービスを使うか」を相談します。

介護サービス、どれを選んだらいいの？

A子さんが回復期リハビリテーション病棟に移ったころ、「要介護2」という認定結果が届きました。つまり、自力での立ち上がりや歩行、入浴や排泄などに、ある程度の介助が必要だということです。母の暮らす自治体にはいろいろなサービスがあるみたいだけど、長女にはチンプンカンプン。どんなサービスを利用すれば、A子さんは一人暮らしを継続できるのでしょう。

真っ先にすべきはケアマネ選び。ここ重要！

介護保険で受けられるサービスはさまざまですが、利用するためにはケアマネジャー（⇒P.66）を決めなくてはいけません。正式には「介護支援専門員」といい、略称「ケアマネ」。**居宅介護支援事業所**というところに所属しています。本人や家族の状況を踏まえながら、**必要な支援（介護サービス）を提案**する役割です。

利用者と面談してケアプラン（介護保険の各種サービスの利用計画）作成の支援をするだけでなく、介護サービス事業者とも市区町村ともつながりを持ち、**介護のマネジメント**を担ってくれる人です。ケアマネのよしあしで家族の介護の負担が大きく変わるとも言われます。

ケアマネが所属する居宅介護事業所の一覧は、自治体からもらえる冊子の中に入っていますが、どこがいいのか見当がつかないもの。長女は、実家のご近所さんの**口コミ**で「この居宅介護支援事業所がいい」と言われたところに相談し、契約することに決めました。

A子さんの退院後の在宅介護態勢は？

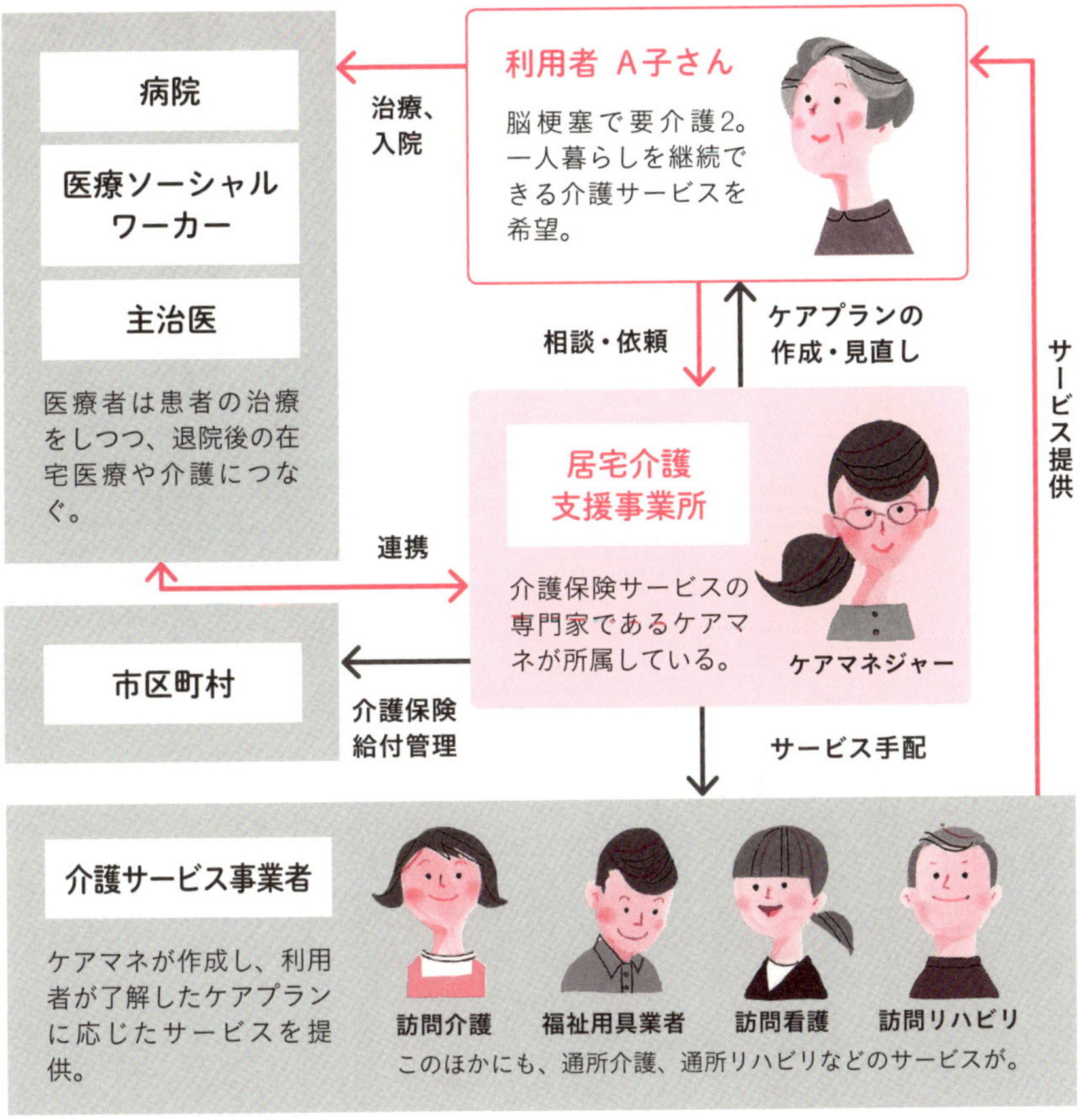

ケアマネジャーが決まるまでの手順

要介護と認定されたら、居宅介護支援事業所を決めてケアマネに依頼することになります(要支援の人は地域包括支援センターがケアプランを作成)。一般的には以下の流れに。

1 市区町村の介護保険課や地域包括支援センターで、ケアマネが所属する居宅介護支援事業所のリストをもらう。
2 事業所に電話で問い合わせ、具体的に相談してみる。
3 事業所を決めたら契約し、ケアマネに親の自宅や病室に来てもらう。
4 担当のケアマネから情報を聞き、ケアプランの作成を支援してもらう。

6

脳梗塞のA子さんの場合

介護しやすい家になってる？退院前にチェック

介護サービスの中には、自宅の改修や福祉用具のレンタル・購入の制度もあります。

自宅の改修も1～3割負担でできる！

ケアマネは回復期リハ病棟のA子さんのもとを訪れ、いま住んでいる家の具体的な様子をくわしく聞きとりました。現在のリハビリの状況も合わせて、ケアマネはケアプランを作成（⇒P.65に詳細）。さらに「**退院前に自宅の改修**が必要かもしれませんね」と提案しました。

長女が「リフォームは費用面が心配」と言うと、「A子さんの場合、20万円までは1割負担でだいじょうぶ」と言うではありませんか。長女はケアマネと業者、そして病院の理学療法士にA子さんの自宅に来てもらい、どこをリフォームすればいいのか相談しました。浴室の床をすべりにくいものにかえ、トイレのドアを引き戸に変更し、手すりは福祉用具をレンタル。退院する前に、在宅介護の態勢がととのえられそうで一安心です。

市区町村の了解が必要です

入院中の病院のリハビリスタッフが自宅に来て、安全に暮らせる環境かを確認し、福祉用具や住宅改修のアドバイスをしてくれることを「家屋調査」と言います。自宅で注意すべきことも助言してくれます。

介護保険で**改修費用の上限20万円までは9割（収入によっては7～8割）が給付**されますが、着工前に市区町村に計画書などの提出が義務づけられています（左ページ参照）。なお、実際に生活し始めてから不便に気づくことも。当初の改修を最低限度にとどめておけば、20万円の残額で後日追加で改修することも可能です。

介護保険の対象になる住宅改修や福祉用具の例

玄関
段差をなくす／スロープをつける／扉を開閉しやすいものにする／床の材質をすべりにくく／足元を明るく／手すりを設置

廊下
段差をなくす／床の材質をすべりにくく／足元を明るく／手すりを設置／部屋に通じるドアを引き戸にするなどの変更

トイレ
便器を和式から洋式へ／ポータブルトイレを借りる／トイレの扉を開閉しやすいものにする／手すりを設置

風呂
手すりを設置／床の材質をすべりにくく／浴室用のいすを購入／床にすべり止めのマットを敷く

介護保険で住宅改修するときの手続き

①相談・打ち合わせ

ケアマネや地域包括支援センターに改修について相談し「改修が必要」と認められたら、施工業者に見積もりしてもらう。

▼

②事前申請

市区町村の介護保険窓口に「事前申請書」を提出する。必要な場所の写真なども添える。

▼

③着工

自治体からの「承認通知書」が届いたら改修工事に着工する。

④工事終了！

施工業者に支払い。

▼

⑤事後申請

「事後申請書」や業者の領収書、工事費内訳書、改修後の写真なども提出。

▼

⑥支給金額が口座に入金される

改修しなくてもレンタル品で対応できる！

賃貸住宅などで家の改修がむずかしい場合もありますが、手すりの設置や段差を解消するスロープ、すべりにくい床マットなど、多くのものがレンタル品（一部購入品）で対応できます。ただし、**指定の業者以外で購入・レンタルすると介護保険は使えない**ので注意しましょう。

1

認知症の
B代さんの場合

はじまりは「なにかおかしい」。さて、どうする？

女性の介護原因のトップは認知症です。B代さん（77歳）のケースを見ていきましょう。

しっかり者で料理上手な母だったのに……

B代さんは15年前に夫に先立たれてから、独身の娘（49歳）と同居を始めました。娘は家にお金を入れ、B代さんは食事の用意を担当。ほどよく距離をおきつつも、快適な同居生活を送っていました。ところが2年ほど前から、娘は「お母さん、なんだかおかしい」と思い始めました。ささいなことでイライラし、**怒りっぽく**なりました。**同じ話を繰り返す**ことも多く、1時間もしないでまた繰り返します。桜やアジサイなど、**普通の花の名前**が思い出せなくなり、大好きだった料理も「**めんどくさい**」と言って、市販のお惣菜が並ぶのです。しかも毎回同じものが……。

これは年相応のもの忘れ？　それとも認知症？

認知症の正しい理解を深めよう

高齢になると、もの忘れが増えるのはあたりまえのこと。「朝食に何を食べたか」を忘れるのは、年相応のもの忘れと言えます。しかし「朝食を食べた」という**事実が抜け落ちる**と、認知症の可能性が高まります。

厚生労働省の調査によると、高齢者の４６２万人が認知症と推計され、その予備群も４００万人（２０１２年）。その数はさらに増えると予想され、もはや他人ごとではありません。にもかかわらず、認知症についての正しい知識を持つ人は多くありません。「私の親が認知症になるはずがない」「認知症になられては困る」と**事実を否定し、対策が遅れがち**なのが実情なのです。

もしかして認知症……と思ったら？「認知症」早期発見の目安

もの忘れがひどい

- □ いま切ったばかりなのに、電話の相手の名前を忘れる
- □ 同じことを何度も言う・問う・する
- □ しまい忘れ、おき忘れが増え、いつもさがし物をしている
- □ 財布・通帳・衣類などを盗まれたと人を疑う

判断・理解力が衰える

- □ 料理・片づけ・計算・運転などのミスが多い
- □ 新しいことが覚えられない
- □ 話のつじつまが合わない
- □ テレビ番組の内容が理解できない

不安感が強い

- □ 一人になるとこわがったり寂しがったりする
- □ 外出時、持ち物を何度も確かめる
- □ 「頭が変になった」と本人が訴える

時間・場所がわからない

- □ 約束の日時や場所をまちがえるようになった
- □ 慣れた道でも迷うことがある

人柄が変わる

- □ ささいなことで怒りっぽくなった
- □ 周りへの気づかいがなくなり頑固になった
- □ 自分の失敗を人のせいにする
- □ 「このごろ様子がおかしい」と周囲から言われた

意欲がなくなる

- □ 下着をかえず、身だしなみをかまわなくなった
- □ 趣味や好きなテレビ番組に興味を示さなくなった
- □ ふさぎ込んでいることが多くなった
- □ 何をするのもおっくうがり、いやがるようになった

出典／公益社団法人認知症の人と家族の会
※日常の暮らしの中で、認知症ではないかと思われる言動を、「家族の会」の会員の経験からまとめたものです。医学的な診断基準ではありませんが、暮らしの中での目安として参考にしてください。
※いくつか思いあたることがあれば、専門家に相談してみるとよいでしょう。

2

認知症のB代さんの場合

「認知症かも？」地域包括支援センターを頼れ

高齢者の相談窓口・地域包括支援センター。「認知症疑い」の段階から相談に乗ってくれます。

だれかに相談したい！　相談できる場所はどこ？

B代さんの娘は悩み始めました。平日は仕事で、母を見守ることはできない。病院に連れていこうにも、母には言い出しにくい……。「相談できる場所はないか」と調べたところ、**地域包括支援センター**という言葉をネットで発見しました。わらにもすがる思いで地域のセンターに電話すると、担当者がていねいに話を聞いてくれ、娘の不在中にB代さんを訪問してみると言ってくれました。担当者は「いちばん不安なのはB代さんです。いっしょに見守りましょう」って……天使ですか？

高齢者のことで困ったら「ホーカツ」へ

会社と自宅を往復している子世代にとって、自分の住む「地域」は案外なじみのない場所かもしれません。しかし現在は「認知症であっても、**住み慣れた地域で暮らせるように**」という**サポート体制**が組まれています。

高齢者の困りごとの相談を受け、**必要な支援に結びつけていく**のが地域包括支援センターです（⇒P.54）。

認知症の初期対応という役割もあり、**認知症初期集中支援チーム事業**を実践しているセンターも多いものです。これは左図のように、**早い段階で医師や看護師などの専門チーム**がかかわって認知症の診断や医療を提供し、自宅で自立した生活が送れるようにサポートしてくれるもの。認知症でも生活しやすい態勢づくりを進めます。

なお、親にかかりつけ医がいれば最初に相談しましょう。適切な医療機関につないでくれるはずです。

認知症初期集中支援チームって？

家族の訴えなどにより、複数の専門家によって、認知症が疑われる人や認知症の人、その家族を訪問してアセスメントのうえ、家族支援などの初期の支援を包括的・集中的（おおむね6カ月）におこない、自立生活のサポートをおこなう。

対象者は？

在宅の40歳以上で、認知症が疑われる人や、認知症の人で以下の項目にあてはまる人。

- 医療・介護サービスを受けていない人や、中断している人
- 医療・介護サービスを受けているが、認知症の行動・心理症状が顕著なため、対応に苦慮している場合

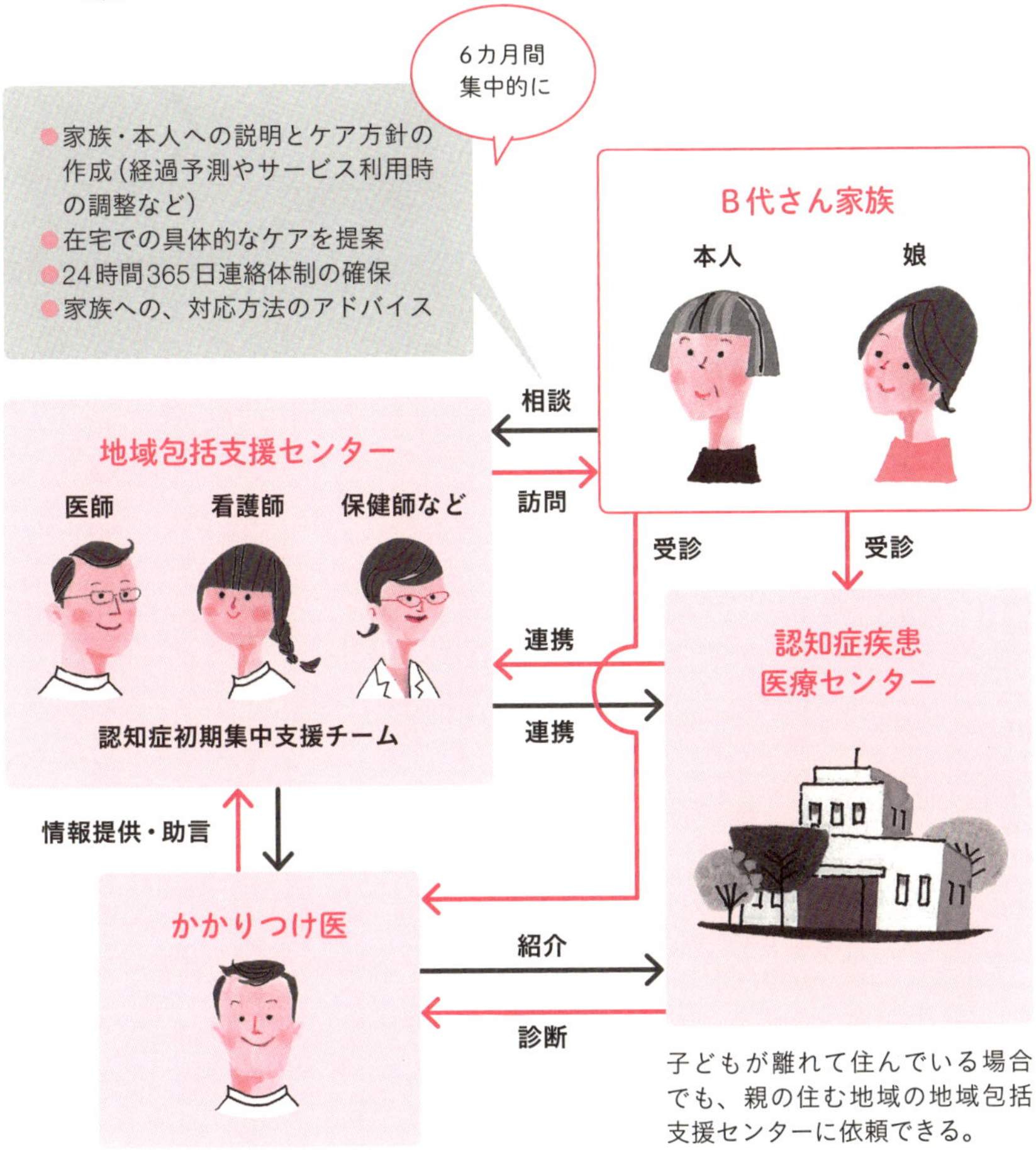

子どもが離れて住んでいる場合でも、親の住む地域の地域包括支援センターに依頼できる。

3

認知症のB代さんの場合

医療機関の受診・診断はできるだけ早く

認知症は早期治療で進行を遅らせることも可能ですし、別の病気の可能性もあります。

案ずるより産むがやすし。すんなり病院へ

地域包括支援センターの担当者に、認知症疾患医療センターの「もの忘れ外来」の受診をすすめられたB代さん。娘も「私も最近忘れっぽいから、いっしょに行ってみない?」と誘うと、B代さんはすんなりと「そうね。そうしようか」と同意。娘は驚いたものの、「お母さん自身も、自分のもの忘れが心配だったんだ」というあたりまえのことに気がついたのです。

医療機関につながる手段はひとつじゃない

なぜ、**早期受診がたいせつ**なのでしょう。理由のひとつは、**認知症ではない可能性**があるからです。うつ病や甲状腺の病気など、認知症に似た症状が見られる病気も少なくありません。次に、認知症の原因によっては、治療で治ることもあるからです。治せない場合でも、早い段階で治療を開始することで、進行を遅らせることは可能です。認知症は徐々に進行していきますが、早期に治療を開始して進行を遅らせれば、初期の段階を長く維持し、「本来の自分」らしい時期を保つことができるのです。

医療機関で認知症の原因を明らかにすることも重要です。原因となる疾患は数多くありますが、アルツハイマー型認知症が全体の約6割。ついで血管性認知症、レビー小体型認知症、前頭側頭型認知症。この4つで9割を占めます。病気によって進行も症状も効く薬も違うので、**医療機関の診断は必須**なのです。

「病院になんて行きたくない」と言われたら？

「もの忘れ外来」を提案する

高齢者は「精神科」に拒絶反応を示しがち。「もの忘れ外来」「メモリークリニック」の診療科名だとあまり抵抗がないよう。

訪問診察の医師に依頼

精神科医が訪問診療で、認知症の診断や治療をしてくれることも。地域包括支援センターに相談してみて。

かかりつけ医に相談する

親が定期的に通う医院の医師に受診をすすめてもらう方法も。家族からの相談に乗ってくれるか電話で確認。

「保健所で健康診断を受けよう」

もの忘れの相談に応じている保健所もある。MRIなどの検査はできないが、基本的な認知機能の確認は可能。

「私の受診につきあって」

「最近頭痛がする。心配だからいっしょに来てほしい」と病院へ。病院には事前に事情を話して協力を求めて。

認知症について正しい知識を持とう

認知症の周辺症状（徘徊、異食、乱暴、妄想など）の背景には、家族の不適切なかかわりがあることが多いものです。認知症の進行を予測しながら、家族が早めに対応していくことは、認知症の介護をラクにすることでもあるのです。

いままでの自分じゃない
最近、頭がヘンになった？
なんだかおかしい、こわい
自分はボケているはずがない
ボケたと言われたらどうしよう

本人も混乱しています

4

認知症の
B代さんの場合

認知症と診断されたら介護保険を申請

介護は一人でかかえてはいけません。親戚やご近所、介護保険制度に支えてもらいましょう。

検査の結果、アルツハイマー型と判明

B代さんはかかりつけ医の紹介状をもらって、「もの忘れ外来」を受診しました。まず医師との問診。B代さんの診察の前に、娘の問診がありました。娘は母の異変を感じた時期などをメモして受診したのでスムーズに終了。次に「認知機能検査」や「画像検査」を受けました。その結果、アルツハイマー型認知症の初期と診断されたのです。

娘は絶望的な気分になりました。「私はもう、介護離職するしかないのでは?」

認知症だからって絶望する必要なんてない

高齢化社会において認知症は、だれもがなる病気のひとつと言えます。認知症は**特別なことでもなんでもない**のだと理解しましょう。「何もかもおしまい」なんて絶望する必要はありません。たいせつなことは、これから始まる長い道のりを、介護と仕事を無理なく両立させる方策を考えていくことなのです。

離れて暮らすきょうだいや、近くの親戚などにも連絡し、**役割分担**できることはお願いしましょう。自分の職場にも伝え、**介護休業**(⇒P.135)がとれるかなども確認します。介護保険の申請も急ぎたいものです(⇒P.21)。介護離職は、百害あって一利なしです。今後、介護と仕事を両立させる同僚は増えてくるはず。その先陣を切るつもりで、**会社の制度も社会の制度もフル活用**していきましょう。

認知症の検査って何をするの？

問診

本人の診察の前に家族との面談があるケースも多いので、いつごろからどんな症状があったか、どんな部分が「変わった」と思うか、これまでの病歴や飲んでいる薬などをメモしておくといい。

認知機能検査

長谷川式簡易知能評価スケールという検査で、知的機能検査をおこなう病院が多いよう。さらに動作性（折り紙を半分に折るなど）を加えたミニメンタルステート検査なども。

画像検査

強い磁気を頭に当てて脳の萎縮のようすなどをみるＭＲＩ検査や、ラジオアイソトープ（放射線同位元素）を注射して脳の血流を映像化するＳＰＥＣＴ検査などをおこなう。

↓

診断 ▶ **介護保険申請**

→P.21へ

認知症と診断されてショックを受けない人はいない。家族は診断に同席し、いっしょに説明を聞き、今後どうしていくか親子で相談を。

認知機能検査って……どんな内容？

□	お歳はいくつですか？（２年までの誤差は正解）
□	今日は何年の何月何日ですか？何曜日ですか？
□	私たちがいまいるところはどこですか？
□	これから言う3つの言葉を言ってみてください。あとでまた聞きますのでよく覚えておいてください。（たとえば、桜 、ねこ、電車）
□	100 から7を順番に引いてください。正解なら「それからまた7を引くと？」
□	私がこれから言う数字を逆から言ってください。「6–8–2」正解なら「3–5–2–9」など。
□	これから5つの品物を見せます。それを隠しますので何があったか言ってください。(時計、鍵、タバコ、ペン、硬貨など必ず相互に無関係なもの)
□	知っている野菜の名前をできるだけ多く言ってください。

改訂　長谷川式簡易知能評価スケール（HDS－R）より抜粋

5

認知症のB代さんの場合

認知症で頼れるサポートは？

一人暮らしでも、日中ケアしてくれる家族がいなくても、地域で暮らせる方法があります。

「要支援2」だけど、先を見越して見守り態勢を

地域包括支援センターに相談しながら、介護保険を申請したB代さん。認知症でも現状では生活にさほど支障がないため、「要支援2」となりました。

要支援の場合は、ケアマネではなく**地域包括支援センターがケアプランを作成**します。月2回、かかりつけ医で認知症の進行を抑える薬を処方してもらいつつ、週2回、市区町村の**総合事業の通所型サービス**に通うことに。ここで認知症の予防になるような運動や活動をしていくことになりました。また、もともとひざの悪いB代さんが転倒しないために、室内の段差をなくす住宅改修もスタート。

B代さんの娘は地域の**「認知症の人と家族の会」**に参加。月に一度の交流会で認知症介護の〝先輩〟に「認知症かどうかよりも、親が笑顔でいられることを考えたらラクになったよ」と言われ、少し心が軽くなりました。

「地域で見守る」態勢は今後ますます進む

現在、国をあげて「認知症にやさしい地域づくり」が進められています。2018年度中には、すべての市区町村に**認知症地域支援推進員**（認知症に関する医療・介護の知識を持った国家資格の取得者が研修を受けてなる）をおくことを目標にしています。認知症カフェや認知症サポーターの増員も、今後進むことが期待されています。

B代さんの見守り態勢は？

家族

B代さんの弟夫婦が近くに住んでいるので、月2回ほど訪問してくれることになった。

認知症の人と家族の会

地域包括支援センターで地域の家族会を紹介してくれた。

総合事業の通所型サービス

要支援では介護保険のデイサービスは受けられないので、市区町村の通所型サービスに通う。

娘

B代さん

地域包括
支援センター
担当者

医療機関

かかりつけ医を定期的に受診しつつ、変化が見られたら認知症疾患医療センターへ。

地域支援

民生委員による定期訪問や、支援ボランティアが平日の日中に声をかけにきてくれる。

認知症カフェ

B代さんの住む地域に認知症カフェがあり、週末は親子でくつろぐ。定期的に勉強会もある。

住宅の改修

つまずきやすくなっているので、段差を解消し、浴室をすべりにくくする工事をした。

自治体などのお助けサービス(例)

徘徊高齢者探索サービス	散歩などの途中で迷子になる可能性のある高齢者に、発信機を貸与する制度。自治体によって負担額は違うが、1,000円前後。行方不明になった場合は、有料で事業者に出動を要請することも可能。
日常生活自立支援事業	身近に頼れる家族がいない場合、介護保険申請やサービスの利用、日常的なお金の出し入れがうまくできないことも。地域の社会福祉協議会に申し込むと、福祉サービスの申し込みや通帳の管理、出金や入金などを代行してくれる。(⇒P.132)

1

がん終末期のC夫さんの場合

はじまりは「余命半年です」。さて、どうする？

がんで亡くなる人の多い時代、自分の親ががんになる可能性はけっして低くありません。

突然見つかったがんはステージ4

C夫さん（84歳）は妻（80歳）と二人暮らし。10年前に妻がリウマチを発症し、以来C夫さんが家事の多くを担当する「元気なおじいちゃん」です。徒歩10分のところに住む長男一家ともいい関係。

あるとき、長引くせきでかかりつけ医を受診すると、「肺に影がある」と言われました。紹介された県立がんセンターで検査すると、ステージ4の肺がんという結果。医師に「手術はできない段階なので、抗がん剤治療を始めますか？」と聞かれたC夫さん。「治療しなければどうなりますか？」と聞くと、「この状態であれば、半年くらい」とのこと。C夫さんは思いました。「半年は短いが、治療はイヤだ」

長引くがん治療、抗がん剤は外来で

21世紀、がんの治療法は飛躍的に進歩しました。本人に病名を伝え、**治療方法の選択も本人がする**のが一般的です。がん治療は、手術・放射線・抗がん剤治療が3つの柱ですが、手術や放射線などの治療ができない段階になると、抗がん剤治療一本になります。

抗がん剤の副作用は昔にくらべておだやかになり、外来で治療を受けることが一般的に。薬の種類も増え、ひとつの抗がん剤が効かなくなると別の抗がん剤での治療が始まります。しかし**高齢になると、**そのような**積極的な治療を望まないケース**も増えてきています。

セカンドオピニオンを受けるなら

医師の診断に不安や疑問があれば、別の病院の医師の意見を
「セカンドオピニオン」として聞くことができます

ファーストオピニオン（主治医の診断）を理解する

▼

セカンドオピニオンを受けたいと主治医に伝え、検査データなどをもらう

▼

希望先の病院の「セカンドオピニオン外来」に申し込む

▼

聞きたいことや希望をまとめて、当日はメモを確認しながら質問する

▼

セカンドオピニオンの結果を主治医に伝え、今後の治療を相談する

かかる費用は？

セカンドオピニオン外来は自費診療になるため、病院によって費用は異なる。30分で2万〜3万円かかることも。

準備するものは？

紹介状（診療情報提供書）、各種の検査結果、X線やMRIなどの画像データなど。

「積極的な治療はしない」と決めたら緩和ケアへ

緩和ケア

自宅 → **在宅医療、訪問看護**

病院 → **緩和ケア病棟・ホスピス**

在宅医療、訪問看護

メリット

- 住み慣れた家で気ままに過ごせる
- 在宅ホスピスで痛みのコントロールができる
- 残された時間にやりたいことができる
- 入院より費用が少なくてすむことが多い

デメリット

- 医師や看護師がいつも近くにいない不安
- 家族の負担や不安が大きくなる

緩和ケア病棟・ホスピス

メリット

- 介護や看護をプロにまかせられる
- 家族の負担が小さくてすむ
- 通常の病棟よりリラックスした雰囲気で過ごせる

デメリット

- 自宅にくらべて自由度は低く、できることも限られる
- 経済的な負担は在宅より大きくなりがち

2

「家で死にたい」と言われたら……

がん終末期のC夫さんの場合

自宅で亡くなる日本人は1割未満という状態ですが、在宅死を望む人はけっして少数ではありません。その思いを支えるにはどうすればいい？

いちばん重要なのは治療への親の意思

C夫さんは、近所に住む長男夫婦と、隣県に住む次男夫婦を家に呼び、自分が肺がんの末期であること、**治療はしないつもり**だということを伝えました。さらに「できれば住み慣れた**家で死にたい**。協力してほしい」と頭を下げたのです。長男は仕事で忙しく、妻もパートで働いている。次男夫婦は共働きで、家も遠い。しかし父の固い決意と、「病気をかかえているけれどパパを支えたい」という母の思いを、子ども夫婦全員で受け入れることに決めたのです。

でも……在宅で死ぬって、ほんとうにできるの？

「がん末期を在宅で」が国の方針

2018年の医療保険の改定で、国は**在宅や施設で**の治療や看取りへの診療報酬を手厚くしました。これ以上高齢化が進むと、病院がパンクしてしまうからです。

なかでも**「がん末期を在宅で」**という流れは明確です。がんは在宅でも痛みのコントロールがしやすく、亡くなる数日前でも意識がはっきりしていて、治療の意思決定が自分でできる人も多いもの。また、「介護は出口の見えないトンネル」と言われるなか、がん終末期の介護は「出口が見えている」のも事実。そしてなによりも、家にいることで「患者」ではなく「生活者」として過ごすことができます。住み慣れた家には自分の役割があり、妻とのおだやかな時間があり、体を動かす機会があります。それは最期まで「生きる」ことを意味するのです。

自宅での看取《みと》り　その流れは？

①本人の意思確認

たいせつなのは本人の思い。「なぜ家なの？」の部分をしっかり確認し、節目節目で何回も話し合いを重ねる。

②家族の中で共通認識を

死に至る日々のタイムスケジュールを事前に調べ、家族で共通認識を持つこと。

③介護保険を申請する（⇒P.21）
在宅医を選ぶ（⇒P.70）
地域包括支援センターに相談

家での看取りには在宅医と訪問看護師が欠かせない。家族が24時間ケアできるわけではないので、訪問介護なども必要。

④ケアマネに相談（プラン作成）

ケアマネは在宅医療にくわしい人に依頼したい。がんの進行を考えながらケアプランを作成できればベスト。

⑤在宅介護スタート

積極的な治療をしない場合、緩和ケアを自宅でおこなう。末期の痛みや息苦しさなどは医療麻薬などで緩和できる。

⑥最期の日を迎える

死期が近づくと明らかなサインがあらわれてくるので、家族はその時期にそばにいられるようスケジュール調整をしておきたい。

がん終末期から最後に至る一般的軌道

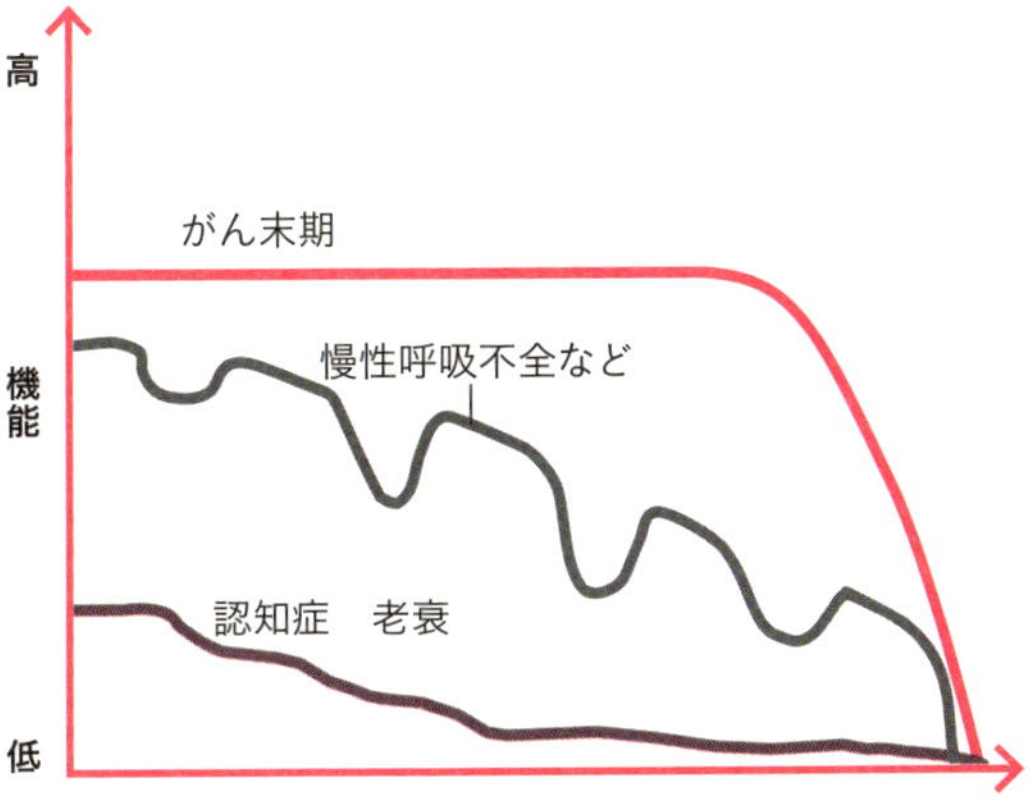

がんは在宅医療に向く疾患

がんの場合、亡くなる1～2カ月前に急速に悪化する。逆に言えば、それまでは自分で食べたり、トイレに行ったりできる人が多い。

Lunney JR, Lynn J, Hogan C: *J Am Geriatr Soc*. 2002;50:1108-1112より『終末期医療　アドバンス・ケア・プランニング（ACP）から考える』（日本医師会）パンフレットを参考に作成

3

がん終末期の
C夫さんの場合

在宅医療を支える態勢を整備しよう

在宅医療とはいえ、家族がすべて支えるわけではありません。さまざまな人の力を借ります。

「がん相談支援センター」にまず相談

C夫さんの思いを受け止めた長男は、検査を受けたがんセンターの**「がん相談支援センター」**に相談に行きました。医療ソーシャルワーカー（⇒P.50）に在宅医療をしたいと伝えると、C夫さんの地域でがんにくわしい在宅医を紹介してくれ、介護保険の申請（⇒P.21）もすすめてくれました。「がん末期の人は認定もスピーディーですし、**申請時点でサービスが利用**できますよ」とのこと。長男はありがたいと思う半面、「時間がない」という事実を思い知るのでした。

介護サービスを利用し家族の負担を最小限に

C夫さんが検査を受けた県立がんセンターは、全国にある「**がん診療連携拠点病院**」のひとつ。ここには「がん相談支援センター」という相談窓口が設けられ、その病院の患者でなくてもがんに関する相談ができるのです。在宅医や訪問看護師は、このような相談窓口や、地域包括支援センターで紹介してもらえます。

在宅医療や訪問看護は医療保険で受けることができますが、介護保険の申請も必ずしておきましょう。介護保険の身体介護や生活介護などを利用して、家族の負担を軽くすることもできますし、デイサービスや訪問入浴も利用できます。在宅の看取《みと》りは、家族にとっても本人にとっても不安なことだらけ。そんなときに、介護や看護のプロに相談できるのは心強いものです。

医療と介護　両方からサポート

全体を把握

ケア マネジャー

介護サービスの調整や管理をする立場だが、在宅医や訪問看護師などとも連絡をとり合い、全体を把握してくれる。

薬剤師（⇒P.73）

医師の指示にもとづいて薬を自宅に届けてくれる。飲み忘れやまちがいがないかの確認。飲みやすい形状への変更も助言。

訪問看護師（⇒P.72）

医師の指示によって医療的処置をする。ほかにも食事や排泄の手助けや、日常生活のリハビリもおこなう。

医師（在宅医）（⇒P.73）

定期的に自宅を訪問して診療する。急変時には24時間365日対応。自宅での様子を見つつ、適切な薬を処方。

ホームヘルパー（⇒P.79）

食事や排泄、衣服の着脱などの身体介護や、掃除や洗濯などの生活援助をしてくれる。患者本人へのサポートのみ。

訪問歯科医

誤嚥《ごえん》性肺炎などが起きないよう、定期的に歯科医に口の中をチェックしてもらう。入れ歯の調整も頼める。

福祉用具レンタル・購入（⇒P.83）

介護ベッドや車いす、手すりなどの介護用品を納入してもらえる。トイレやお風呂などの用品は購入が必要。

デイサービス、ショートステイ（⇒P.85、89）

日帰りで入浴や身体介護などのケアを受けたり、数日宿泊したり。家族の負担を軽減したいときに利用できる。

理学療法士、作業療法士など（⇒P.75）

寝ている時間が長くなるせいでの筋力低下を防ぎ、飲み込みなどの機能回復訓練をする。呼吸のリハビリなどもある。

家族にできる医療的なケアは？

- 痰の吸引
- 床ずれのケア
- 排泄バッグの処理
- 点滴のボトル交換
- 経管栄養の管理など

在宅介護では家族が医療的なケアの一部を担うことも。やり方は訪問看護師が教えてくれ、困ったときには助けてもらえる。介護を担う家族で共有しよう。

4

がん終末期のC夫さんの場合

残りの時間をどう生きるのか意思確認を

がんは亡くなる直前まである程度の活動ができる病気。本人のしたいことに寄り添って。

C夫さんの思い出の場所に三世代で旅行

C夫さん家族は、在宅医から**「アドバンス・ケア・プランニング（ACP）」**を提案されました。ACPとは、患者が望む治療について本人や家族と医療スタッフ、介護スタッフが何度も話し合いを重ね、可能な限り思いに寄り添う治療をすることです。C夫さんは妻との時間をたいせつにし、自宅で最期まで過ごしたいこと、延命治療はしたくないことを伝え、胃ろう*や人工呼吸器などの延命治療は受けないと決めました。痛みが出たら、**モルヒネなどの医療用麻薬**を使って緩和させ、できるだけおだやかな最期を迎える選択をしました。

長男と次男は、「半年後くらいに**介護休業**を取得したい」と会社に申請しました。また、夏休みにはC夫さんと妻のたっての希望で、息子たちが幼いころに毎年行っていた温泉地に出かけました。長男一家、次男一家も合わせて総勢11人。温泉地の河原で、C夫さんは孫に釣りを教えました。30年前に息子たちに教えたように。一生忘れられない時間が流れていました。

「どう生きたいか」は変化します

ACPの主体はあくまで本人です。「可能な限り長く生きたい」のか、「痛みや苦しみを可能な限りとり除きたい」のか、その人の思いをくみたいものです。また、治療の過程で気持ちが変化することもあるので、繰り返し話し合いましょう。その過程で気持ちが変わった場合も、その思いに寄り添うことがたいせつです。

＊胃ろうとは、身体機能の低下などにより口から食事をすることが困難になった人が、胃から直接栄養を摂取するための医療措置のこと。

急変時、終末期の対応について（意思確認の例）

□	訪問診療以外の医療機関での診察を希望しますか？
□	往診でできない検査治療が必要なときには病院を受診しますか？
□	ふだんの治療の中で、注射や点滴、在宅酸素を希望しますか？
□	人生の最後の段階で、以下のような医療行為を希望しますか？ □末梢点滴　□酸素療法　□栄養補給（鼻チューブ／胃ろう／中心静脈） □心臓マッサージ　□心肺停止時の搬送　□気管挿管　□人工呼吸器 □気管切開　□輸血　□昇圧剤の使用
□	終末期や尊厳死について、家族と話し合いましたか？（その内容）

医療用麻薬について知っておこう

がんの末期には、強い痛みや呼吸困難に襲われることもあります。そんなときに使われるのが、モルヒネに代表される医療用麻薬です。注射や点滴だけでなく、飲み薬やはり薬（パッチ）、座薬などもありますので、在宅でも痛みをコントロールできます。

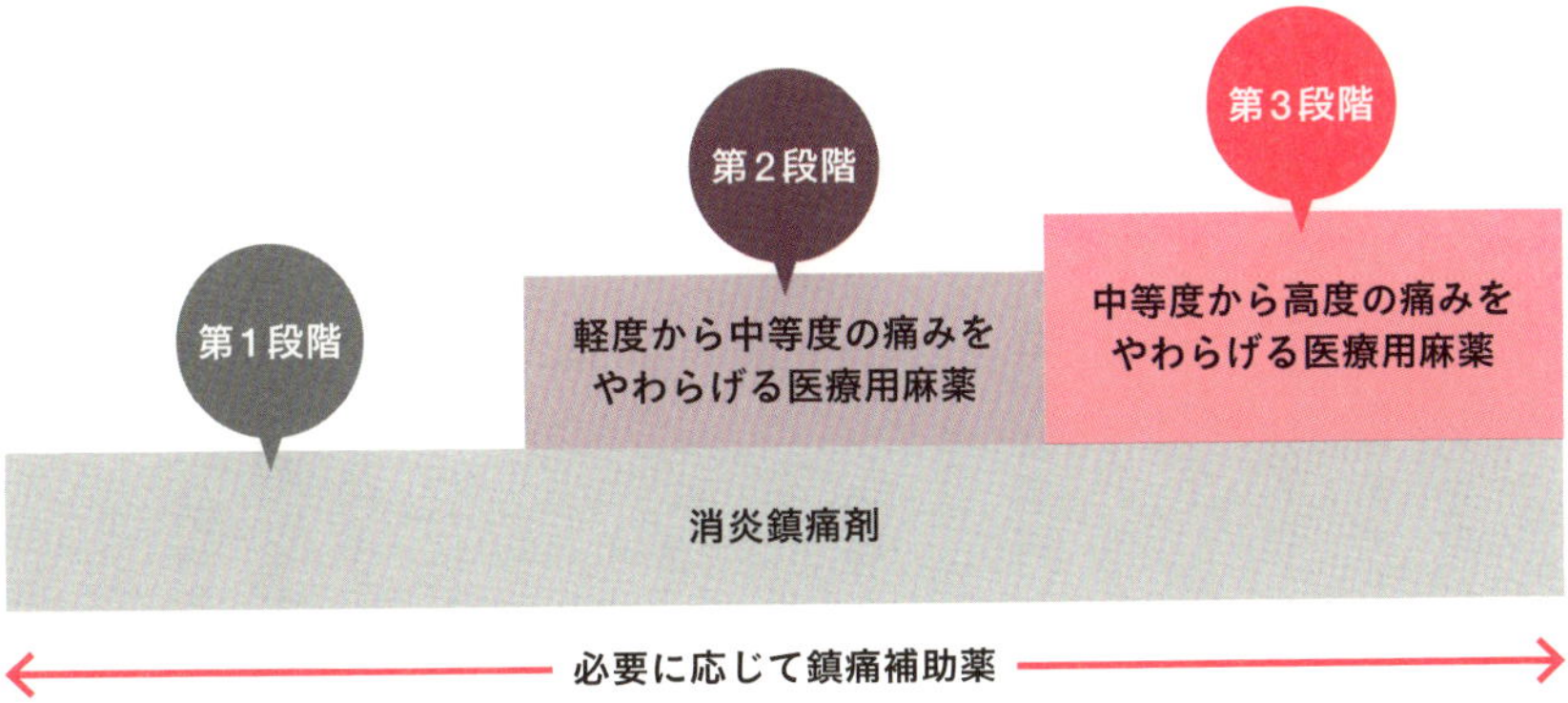

出典：緩和ケア.net

Q　医療用麻薬は中毒にならないの？

A　痛みがある状態で使うので、中毒になりません

痛みのない人が使うと中毒になってしまう麻薬ですが、痛みのある患者に対して医師が適切な量の麻薬を投与する場合、体内のバランスがとれますので中毒にはなりません。「麻薬を使うのはもう死ぬから」と思うのもまちがいです。痛みが強いときに使われる薬だというだけです。

5

在宅医療はチームプレイなのだ

がん終末期のC夫さんの場合

終末期になると、病状が刻々と変化します。さまざまなスタッフの力を借りて乗り越えて。

薬剤師が薬のアドバイザーに

在宅医療が始まった段階では「要介護1」だったC夫さんですが、3カ月を過ぎたころから徐々に呼吸が苦しくなり、常時酸素が必要になってきました。活動が限定されるようになったこともあり、区分変更で「要介護2」に上がりました。月2回の訪問診療、週3回の訪問看護、ホームヘルパーは1日1～2回通ってもらうことになりました。訪問看護師には24時間いつでも相談できるので、妻の不安に寄り添ってもらえます。

痛みも出てきたため、**医療用麻薬で痛みのコントロール**をすることになり、薬は**薬剤師**が定期的に訪問して届けてくれることに。薬を飲みまちがえないよう、薬を朝昼晩で仕分けし、袋に日付を入れてくれたので、C夫さんも安心して服用できるようになりました。

「これからどうなるのか」は訪問看護師に相談

在宅医療には、さまざまな専門職が力を尽くします。その中でも**キーパーソンになるのは訪問看護師**です。がん末期になると、急に状態が悪くなる場合がありますが、連絡すれば**24時間対応**で駆けつけてくれます。「息苦しいときにはベッドを少し上げましょう」「かぜをひかないよう湿度は高めに」など、生活にかかわるこまやかな助言もしてくれます。また、本人や家族の不安や悩み、そして「これからどうなるか」「その場合はどうすればいいのか」という変化についても、一人で考え込まず、なんでも相談するといいでしょう。

C夫さん（要介護2）の在宅療養、ケアプラン

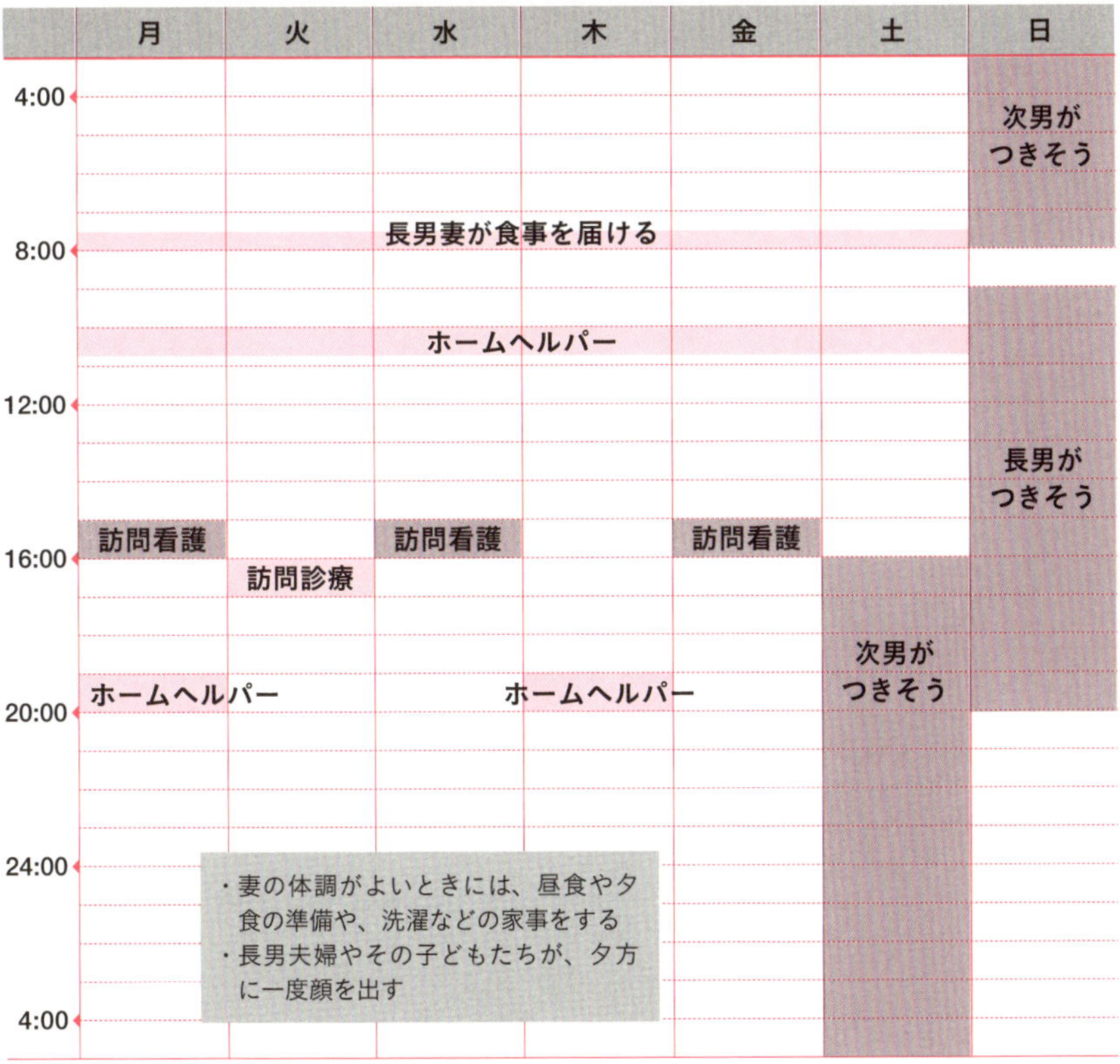

週単位ではないサービス

- 訪問診療は２週間に１回。必要に応じて薬剤師が薬を届ける
- 介護用ベッド、手すりをレンタル

Q 急変したら救急車を呼んでいい？

A 救急車は救命措置をするのが仕事です。本人が「積極的な治療はしない」と意思表示しているのであれば、呼んではいけません。急変したら在宅医や訪問看護師に連絡し、何をすればいいか確認を。

Q 家族が家にいなくても対応してくれる？

A 寝たきり状態になると、本人が玄関の鍵をあけるのがむずかしくなります。そんなときは、外にキーボックスを設置して合鍵を入れておき、暗証番号を在宅医や訪問看護師などに伝えておくといいでしょう。

6

がん終末期のC夫さんの場合

最期まで本人が安心していられるように支えて

病院死が当然の時代に育った世代にとって、死は未知のもの。心の準備も必要です。

医師から「これからのこと」を学ぶ

在宅療養が始まって半年たったころ、C夫さんが急に歩けなくなり、食事もごくわずかしかとれなくなりました。C夫さんの妻とヘルパーだけで対応するのはむずかしくなったため、長男は介護休業（⇒P.135）を取得。実家で寝起きして、C夫さんの妻と交代でC夫さんに寄り添い続けました。とはいえ、病院でいろんな管をつけたまま亡くなる人しか見たことのない長男、人は最期、どうなるか急に不安になりました。もしはげしく苦しんだら？　不審死になることはないのか？

眠り続けていたとしても話しかけて

最期の日の迎え方は人それぞれです。がんの場合は特に「亡くなる1時間前までは普通に話していた」「朝、目覚めないと思ったら亡くなっていた」など、眠るように亡くなるケースは少なくありません。

徐々に呼吸が弱くなる場合もあります。寝ている時間が長くなり、手足が冷たくなってきて、呼びかけても反応が鈍くなることもあります。このような状態になったら、「そのとき」は近いかもしれません。**耳は最後まで聞こえると言われています**ので、好きな音楽を流したり、思い出を語ったりしたいもの。手足をマッサージしてあたためてあげるのもよいでしょう。

最期のときを迎えるにあたって、いちばん大事にしたいのが本人の安心感です。おだやかな時間が過ごせるように、家族にできることを考えたいものです。

最期の日が近づくサインは？

終末期

- かむ力や飲み込む力が衰え、食べられなくなる
- 眠っている時間が長くなる
- 排泄のコントロールができなくなる
- 意識が混濁する、せん妄がみられる

↓

最期のときの症状が出る

- 意識が薄れる
- 血圧が徐々に下がる
- 手足がむくんでくる
- 脈が乱れ、弱まる
- 手足が冷たくなる
- 筋肉の緊張がくずれる
- 呼吸が変わる（あごを動かす呼吸）

↓ 呼吸が止まったら

医師や看護師に連絡 → **死亡確認**

Q 不審死、警察ざたになることは？

A 在宅医療を続け、主治医がきちんといる場合は、医師がその場にいなくても不審死にはなりません。こわがらなくて、だいじょうぶです。死亡しているのに救急車を呼んでしまうと不審死扱いになることがあるので要注意。

Q 亡くなる瞬間に医師が間に合わなかった！

A 在宅医療の場合、亡くなる瞬間に立ち会わなくても、あとから訪問することで主治医は死亡診断書を出すことができます。主治医が最後に訪問してから24時間以内であれば、家族の報告だけで死亡診断書を書くことも可能です。

まとめとして

介護の主人公はあくまで本人。生き方を支えて

3人のケースはあくまで一例。親の状態も、介護の悩みも人それぞれ。正解はありません。

自分一人でかかえ込むと介護はつらくなる

身体介護が必要だった脳梗塞のA子さん。アルツハイマー型認知症の初期と診断されたB代さん。そして、在宅療養を続けて自宅で亡くなった肺がんのC夫さん。彼らの子どもたちは全員、介護についてほとんど知らない状態で介護に突入しましたが、自分のできる範囲で一生懸命親の介護と向き合いました。

子どもはこのように親の介護をしなくてはいけない、などということはありません。人にはそれぞれ事情があり、ときには「親を介護する気持ちになれない」と嘆く子ども世代もいるからです。この3家族のケースから学んでほしいことは、「**介護の原因によって、介護の始まり方はそれぞれ違う**」ということ。そして「介護の始まり方は違っても、**頼るべき制度にはあまり変わりはない**」ということです。自分の住む自治体にどんな制度があるかを調べ、地域包括支援センターに相談に行き、介護保険を申請し、ケアマネジャーと話し合い、使える制度をしっかり使っていくことです。**介護を一人でかかえ込むことは、親にとっても自分にとっても苦しい結果につながります。**

子どもには、あくまで自分は「支える側の一人」であるという自覚が必要です。主体はあくまで親。その生き方を身近で支えることが介護の本質なのです。

介護保険制度ができて、まだ20年弱。制度そのものを「よく知らない」という人も多いのです。次の章では、介護制度についてくわしくお伝えしましょう。

その後の3人は……どうなった？

ケース1

脳梗塞の A子さんの場合

回復期リハビリテーション病棟から自宅に戻ったA子さんは、住み慣れた自宅に戻ったとたん「私、リハビリがんばる」と意欲的に。介護サービスを受けながら通所リハビリ（デイケア）に積極的に通い始めました。長女はしばらく夕食などを作りに通いましたが、食事はヘルパーさんの介助と、自治体の配食サービスを使うことにして長女の負担を減らしました。1年ほどで「要支援1」に介護度が下がり、デイケアも「卒業」できました。

ケース2

認知症の B代さんの場合

3年ほどたったころから、B代さんの生活自立度が落ち始めました。トイレの失敗も増え、日常生活のかなりの部分にサポートが必要になりました。「仕事と介護の両立はむずかしい」と判断した娘は、それまでショートステイで何度も利用していたグループホーム（⇒P.102）に入居の予約をし、空きが出た段階でB代さんに入居してもらうことに。罪悪感がないと言えばウソになりますが、できる限り面会に行こうと娘は心に決めています。

ケース3

がん終末期の C夫さんの場合

C夫さんは、妻と長男・次男家族に見守られながら、朝方ゆっくりと呼吸を止めました。前日から目覚めなくなり、夕方以降は呼吸も浅くなって、ときどき「苦しそうに息をすることも。訪問看護師に深夜も来てもらい、薬の量を調節してもらいました。明け方、呼吸が消え入るように弱くなり、手足も冷たく、苦しそうな表情もなくなりました。「おじいちゃん、ありがとう」という家族の言葉を聞きながら、大好きな自宅でC夫さんは旅立ちました。

＼入院時から退院後までサポート／

退院調整看護師

どんな人？

2016年から、早期に退院調整をすることで病院の診療報酬に加算がつくことになりました。退院調整とは、急性期を過ぎたあとの方向性（退院や転院、病棟を移るなど）について、患者や家族と相談して具体的に進めていくことです。その役割を担うのが、退院調整看護師。病棟や、地域連携室、相談窓口など病院によって所属はまちまちですが、多くの病院に配属されています。

＼介護保険を使うための司令塔／

医療ソーシャルワーカー

どんな人？

ソーシャルワーカーとは、生活上の不安を持つ人や社会的弱者に対して、専門的な知識と経験で援助する専門職です。主に社会福祉士や精神保健福祉士などの国家資格を持つ人をさしますが、持っていなくてもソーシャルワーカーを名のることはできます。「医療ソーシャルワーカー」は、医療機関や保健所などで患者や家族の相談に応じるソーシャルワーカーです。病気への不安、医療費の支払い、退院後の生活や介護の相談など、不安があれば病院の「患者相談窓口」「がん相談支援センター」などを訪ねてみましょう。話を聞いてくれ、解決方法を助言してくれたり、どこに相談すればいいか教えてくれたりします。

どんな資格を持っているの？

社会福祉士・精神保健福祉士など

第2章

介護は「在宅で」「地域で」が常識に。
でも、待っているだけでは
なんのヘルプも受けられない

介護保険の活用術

監修●服部万里子

看護師／社会福祉士／主任介護支援専門員／
一般社団法人日本ケアマネジメント学会理事
研修委員長

1

家族と介護。かかわり方が変化する時代

介護保険制度の誕生で、最も変わったのは「家族だけが介護する」という〝常識〟です。

少子高齢化社会の「理想」、地域ケアシステム

介護保険制度が始まったのは2000年のこと。背景には、猛スピードで進む少子高齢化がありました。2025年には団塊の世代がすべて75歳以上。にもかかわらず、支える若年世代は減る一方です。家族の形も変化し、独居や老夫婦世帯が増え「家庭の介護力」も低下しました。では、居住型の介護施設を増やせばいいのか？ いいえ、高齢者の数は一定時期を過ぎると減りますから、将来、施設が余るのは明らかです。

日本の**介護制度は、「介護は在宅で」「在宅介護の担い手は地域全体で」という形で発進した**のです。「地域包括ケアシステム」という言葉が登場したのは2005年のことです。**医療、介護、介護予防、住まい、生活支援、認知症対策などを、日常生活圏域（中学校区程度）で提供**することで「介護を地域で」を成立させることを目ざしています。

介護保険が誕生したことで、介護は「家族だけがするもの」ではなくなりました。でもそれは、家族が介護しなくてよくなった、ということではありません。**家族の介護への向き合い方が変わった、**ということです。介護離職することなく、いまの生活を大きく変えることなく、たいせつな家族の病気や老いをサポートできるということです。たとえば遠く離れて暮らしている子どもが、電話やメールでケアマネジャーとやりとりしつつ、親にはこまめに電話をして様子を聞く……そんな介護の姿も今後は増えてくるのではないでしょうか。

地域包括ケアシステムを利用しよう！

医療

**病気になったら
頼ります**

- 急性期病院
- 急性期、回復期、リハビリ病院

日常の医療

- かかりつけ医
- 地域の連携病院

生活支援・介護予防

**いつまでも元気に
暮らすために**

- 老人クラブ
- 自治会
- ボランティア
- ＮＰＯなど

通院・入院

住まい

**・自宅
・サービスつき
高齢者向け住宅など**

- 地域包括支援センター
- ケアマネジャー
地域の人の相談業務や、サービスのコーディネートをおこなう。

通所・入所

介護

介護が必要になったら頼ります

在宅系サービス

- 訪問介護
- 訪問看護、訪問リハビリ
- 通所介護、通所リハビリ
- 小規模多機能型居宅介護
- 短期入所生活介護
- 24時間対応の訪問看護・介護
- 複合型サービス、など

施設・居住系サービス

- 介護老人福祉施設
- 介護老人保健施設
- 認知症対応型共同生活介護
- 特定施設入所者生活介護
など

2 地域でサポートを受けるには

住んでいる地域で何かサポートを受けたいと思ったら、まずは地域包括支援センターへ。

合い言葉は「困ったら地域包括支援センター」

地域包括ケアの担い手は市区町村（自治体）です。国は市区町村の中をさらにこまかく区切った**日常生活圏域（中学校区・30分で移動できる範囲）の中で、介護や医療を完結させる**ことを目ざしています。

各地域には、地域包括支援センターがおかれています。ここは**高齢者のよろず相談所**。介護が必要になった人だけでなく、介護予防や高齢者の権利擁護など、高齢者に関する困りごとすべての相談窓口です。ここで対応できなくても、必要に応じて**別の機関とつないでく**れます。高齢者本人はもちろん、家族の相談にも無料で応じてくれる頼れる存在です。さらにここは、その**地域の介護に関する情報が集まる**場でもあります。地域資源（⇒P.94）と呼ばれるさまざまなサービス（介護保険だけではないもの）と、高齢者一人一人を結びつけてくれる場でもあるのです。

住んでいる地域により、担当の地域包括支援センターが決まっています。もしも「**離れて暮らす親**のことを相談したい」と思うなら、**役所に**電話して親の住所を伝えれば、その地域のセンターを教えてくれます。

ちなみに、**地域包括支援センターは市区町村からの委託事業**で、役所の中にあるわけではありません。名称も自治体によって「あんしんすこやかセンター」（東京都世田谷区）、「長寿サポートセンター」（同江東区）などさまざまですが、役割は共通です。訪問する前に、電話で予約をするといいでしょう。

地域包括支援センターの役割は？

総合相談支援業務

高齢者やその家族からの相談を受け、適切な機関や制度、サービスにつなぎ、必要な支援をおこなう。

権利擁護業務

関係する機関と連携して、高齢者の権利と財産を守るための支援や、虐待防止の取り組みをおこなう。

包括的・継続的ケアマネジメント支援業務

高齢者の自立を支援するケアマネジメントの支援として、ケアマネジャーへの日常的な指導、相談、助言をおこなう。

介護予防ケアマネジメント業務

要支援・要介護状態になる可能性のある人に対する介護予防ケアプランの作成や、介護予防に関する事業が円滑に実施されるよう支援する。

どんな人がいる？

地域包括支援センター

●社会福祉士

介護や生活支援、消費者被害の専門家。高齢者の権利擁護や相談総合業務を行う。

●保健師・看護師

健康や医療の専門家。介護予防のケアマネジメントを中心に担当。

●主任ケアマネジャー

介護全般の専門家。ケアマネとして一定のキャリアを積んだ指導的立場の人。

↕ 医療機関

↕ 介護保険施設・介護サービス提供事業者

↕ 市区町村

↕ 民生委員・ボランティアなど

↕ 消費者センター

↕ 警察や消防

1カ所に相談するだけでOKなのね！

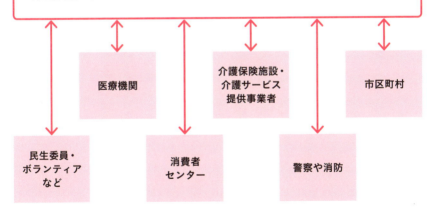

③

そもそも……介護保険ってなんですか？

介護保険は2000年にスタートした制度で、介護保険料と税金で運営されています。

高齢者介護を「みんな」で支える制度です

介護保険制度は、市区町村が保険者となって運営する制度です。市区町村は、**地域の高齢者の人数や実情、今後の推移まで考えて必要な介護サービスを検討し、介護保険料を決めています**（市区町村が決めるのは65歳以上の高齢者の介護保険料のみ）。人口が多く急激に高齢者が増える都市部と、過疎化が進み高齢化率がピークを越えた地方の村が、同じ介護サービスでいいはずはありません。サービスが違えば介護保険料も変わります。ただし、市区町村での格差は国の介護保険の税金で補てんされています。

介護保険を支える資金は、税金と40歳以上の人が支払う介護保険料です。介護や支援が必要になったときには、費用の一部（1～3割）を負担して介護サービスを受けることができます。サービスを受けられるのは**65歳以上の人**と、**40歳以上の特定疾病を持つ人**です。特定疾病はがんや認知症など、老化が原因とみなされる病気であって、交通事故などで介護が必要になった場合などには使えません。

注意したいのは、**介護保険のサービスは申請制**だということです。「うちの親は70歳だし、介護サービスが受けられるわね」とのんびり待っていても、サービスがドアをノックして来てくれることはありません。

必要なら必ず申請しましょう。

申請を受け付けているのは、**市区町村の窓口**です。**地域包括支援センター**でも受け付けています。

介護保険のサービスを利用できる人は？

65歳以上の人
（第1号被保険者）

- 寝たきりや認知症などにより、介護を必要とする状態（要介護状態）になったら
- 家事や身じたくなど、日常生活に支援が必要な状態（要支援状態）になったら

40歳〜64歳までの人
（第2号被保険者）

- 初老期の認知症、脳血管疾患など老化が原因とされる病気（特定疾病）により、要介護状態や要支援状態になった場合

要介護認定には7つの段階がある

自立（非該当）	日常生活を自分でおこなうことが可能な状態。
要支援1	基本的な日常生活は送れるが、本人の身の回りの世話に一部介助が必要とされる状態。自立への改善の可能性が高いと考えられる。
要支援2	立ち上がるときや歩行に安定感を欠いたり、入浴など生活場面で一部介助が必要とされる状態。もの忘れがあっても生活には支障なく過ごせる。
要介護1	立ち上がりや歩行が不安定で、排泄および入浴などで転倒防止の配慮が必要。もの忘れ、思考や感情的な部分に障害がみられる。
要介護2	立ち上がりや歩行が自力では困難になり、排泄、入浴、衣類の着脱などでは介助が必要。生活のリズムがつかめない、記憶があいまい、他人との会話などが困難など。
要介護3	自力ではほぼ立ち上がりや歩行ができず、排泄、入浴、衣類の着脱などすべてに介助が必要。生年月日や自分の名前などがわからなくなる状態。
要介護4	介助なしには日常生活が困難。排泄、入浴、衣類の着脱などすべてに介助が必要。意思疎通が困難で日常生活に支障をきたす行動が増える。
要介護5	いわゆる寝たきり状態。日常の生活全般に全面的な助けが必要で、理解力も全般的に低下、意思の疎通ができない状態になっている。

4 いざ申請！ 調査員ってだれ？ どこから来るの？

介護保険を申請すると高齢者の自宅などに認定調査員が来て、聞き取り調査をします。

調査項目は全国共通で、74項目あります

介護サービスを利用するためには、利用者の要介護度（要支援度）を明確にする必要があります。要支援2か要介護1かでは、受けられるサービスの数や量、金額なども違ってくるからです。

判定するのは市区町村です。その材料として必要なのは、認定調査員による**聞き取り調査**（認定調査）と、主治医の**意見書**の2つです。

認定調査は、認定調査員が親のいる場所（自宅や病院、施設など）に直接来ておこないます。**認定調査員とは、**市区町村の職員や、委託されている事業所の担当者です。かかる時間はだいたい1時間程度。聞き取り項目は全国共通で、74項目と多岐にわたっています。

ここで正確に認定してもらうことが、必要な介護サービスを受ける第一歩。しかし、調査となるとはりきってしまう高齢者は多いものです。ふだんはできない（しようとしない）ことを「できます」と言い張ったり、できる姿を見せようとがんばってしまったり。

調査の当日は、日ごろの様子をよく知っている**家族が同席**したいものです。多くの調査員は、調査後に「お子さんと二人でお話を」という時間をとってくれますから、そのときに「いつもの様子」をこっそり伝えるといいでしょう。

調査員が来るからと、室内を片づけたり掃除したりしがちですが、散らかった部屋も「いつもの様子」ですから、そのままで。

調査員に聞かれることは？（一部抜粋・要約）

□	腕（足）に麻痺はありますか
□	肩は動きやすいですか
□	寝た状態から上半身を起こせますか
□	上半身を起こして10分間程度すわれますか
□	両足で10秒立てますか
□	約1メートル先にあるものが見えますか
□	1週間にどのくらい外出していますか
□	自分で食事がとれますか
□	自分で上着の着がえをしていますか
□	いまいる場所がわかりますか
□	自分の生年月日や年齢が言えますか
□	外出すると一人では戻れないことがありますか
□	預金通帳や小銭の管理をしていますか
□	夜間の不眠や昼夜の逆転がありますか

訪問調査のとき家族が心がけること

- 認定調査には、必ず家族がつきそうべし。家族が同席できるよう日程調整してもらおう
- 家族が気になっていることは事前にメモして当日伝えよう
- 日によって変動がある場合にはそのむねも伝えよう
- 調査項目に含まれていないこと（火の始末、暴言暴力、不潔行為など）があれば必ず言い添えよう
- 調査のあとに、調査員とは個別に話そう

5 主治医の意見書ってなんですか？

介護が必要になった直接の原因である病気を治療している医師などが「主治医」となります。

本人の心身の状態を理解している主治医を

「主治医の意見書」は、入院していた病院の担当医師や、日ごろからお世話になっているかかりつけ医に依頼するのが一般的です。もしも「まったく医者にかかっていない」という場合は、地域包括支援センターで適切な医師を紹介してもらい、受診しましょう。

主治医の意見書をもらうのは、本人や家族ではありません。申請書の「主治医」の欄に医師の名前や病院を記入すると、市区町村の担当者から主治医に直接連絡がいくことになっています。主治医の意見書は認定上とても大きな資料となるので、事前に「親がこんなことで困っている」と伝えておくといいでしょう。

要介護認定は一次判定、二次判定の二段階

要介護（要支援）認定は二段階になっており、まずは認定調査の結果をコンピューターで分析して**一次判定**を出します。さらに「介護認定審査会」が、**認定調査の特記事項**（認定調査票だけでは盛り込めない事項を調査員が記入したもの）と**主治医の意見書**に、一次判定の結果を合わせて検討します（二次判定）。介護認定審査会は、市区町村が任命する保健、医療、福祉などの学識経験者で構成されています。

二次判定の結果、申請のあった一人一人の高齢者に対して「どのくらいの介護が必要なのか」といった認定がおりるのです。その結果は、申請日から30日以内に本人のもとに送られます。

主治医の意見書にはこんなことが書かれている（一部抜粋・要約）

傷病に関する意見

- 診断名（特定疾病または生活機能低下の直接の原因になっている傷病名）
- 症状としての安定性
- 生活機能低下の直接の原因となっている傷病、または特定疾病の経過および投薬内容を含む治療内容（おおむね6カ月以内）

心身の状態に関する意見

日常生活の自立度等について	●障害高齢者の日常生活自立度（寝たきり度） ●認知症高齢者の日常生活自立度
認知症の中核症状	●短期記憶　（問題なし／問題あり） ●日常の意思決定をおこなうための認知能力　（自立／いくらか困難／見守りが必要／判断できない）

生活機能とサービスに関する意見

移動	●屋外歩行　（自立／介助があればしている／していない） ●車いすの使用　（使用していない／主に自分で操作している／主に他人が操作している） ●歩行補助具・装具の使用状況
栄養・食生活	●食事行為　（自立ないしなんとか自分で食べられる／全面介助） ●現在の栄養状態（良好／不良）
現在あるかまたは今後発生の可能性の高い状態とその対処方針	□尿失禁　□転倒・骨折　□移動能力の低下　□褥瘡 □心肺機能の低下　□閉じこもり　□意欲低下　□徘徊 □低栄養　□摂食・嚥下機能低下　□脱水　□易感染症 □がん等による疼痛
サービス利用による生活機能の維持・改善の見通し	□期待できる　□期待できない　□不明
医学的管理の必要性	□訪問診療　□訪問看護　□訪問職員の訪問による相談・支援 □訪問歯科診療　□訪問薬剤管理　□訪問リハビリテーション □短期入所療養サービス　□訪問歯科衛生指導 □訪問栄養食事指導　□通所リハビリテーション □その他の医療系サービス
特記すべき事項	（要介護認定および介護サービス計画作成時に必要な医学的観点からの意見など）

6 要支援と要介護いったい何が違うのですか？

認定結果通知書が届いたら、すぐに確認しましょう。重要な書類が入っています。

要介護と要支援、受けられるサービスが違います

介護認定審査会の二次判定の結果、親の要介護状態の区分が出ます。区分は要介護1～5、要支援1・2の7段階と、非該当（自立）があります（⇒P.57）。郵送で「認定結果通知書」と、区分や認定の有効期限、利用限度額（⇒P.125）などが記された「介護保険被保険者証」が届きますので必ず確認しましょう。

▼要介護1～5のいずれかであれば

日常生活で介助を必要とする度合いが高いと認定されました。介護保険の介護サービスが受けられます。ケアマネジャーを決め、ケアプランを作成しましょう。

▼要支援1・2のいずれかであれば

介護保険の対象者ではありますが、要介護度は低く、生活機能が改善する可能性が高いと認定されました。介護保険の介護予防サービスが利用できるので、地域包括支援センターで介護予防ケアプランの作成を。

▼非該当（自立）であれば

介護保険によるサービスを受けることはできませんが、地域支援事業などのサービスが受けられます。

もしも**結果に不服がある場合**には、市区町村に情報開示を求めて認定調査結果や主治医の意見書を確認して、事実と違う部分がないかを確認することができます。「**区分変更申請**」を提出すれば、再度認定審査を受けることも可能です。都道府県に「不服申請」を申し立てることもできますが、この方法は時間がかかるため、区分変更申請をおこなうほうが一般的です。

区分変更の申請方法は？

申請書を記入	市区町村の窓口で「区分変更」の申請書をもらって記入（自治体のホームページでダウンロードもできる）
書類を準備する	●介護保険被保険者証 ●個人番号確認書類 ●本人確認書類（写真なしなら2点必要） ※代理人が申請する場合には以下も準備 ●委任状 ●代理人の身元確認書類（写真なしなら2点必要）

↓

市区町村の窓口で申請する

要支援で受けられるサービスとは

介護保険で要支援1・2の認定を受けると、「予防給付」「総合事業」の2つのサービスを受けることができます。2015〜18年でホームヘルパー（予防訪問介護）とデイサービス（予防通所介護）は要支援1・2からははずれ、市区町村の地域支援事業になりました。

予防給付

介護予防サービス
- 介護予防訪問看護
- 介護予防訪問リハビリテーション
- 介護予防居宅療養管理指導
- 介護予防通所リハビリテーション
- 介護予防短期入所生活介護
- 介護予防短期入所療養介護
- 介護予防特定施設入所者生活介護
- 介護予防福祉用具貸与
- 特定介護予防福祉用具販売
- 住宅改修 など

地域密着型介護予防サービス
- 介護予防認知症対応型通所介護（要支援2のみ）
- 介護予防小規模多機能型居宅介護
- 介護予防認知症対応型共同生活介護（グループホーム）など

総合事業

介護予防・生活支援サービス事業
- 訪問型サービス（掃除・洗濯などの日常生活支援）
- 通所型サービス（機能訓練・集いの場などの日常生活支援）
- その他の生活支援サービス（栄養改善を目的とした配食・一人暮らしの高齢者の見守りなどの提供）

一般介護予防事業
（すべての高齢者が利用できる）
- 介護予防普及啓発事業
- 地域介護予防活動支援事業
- 地域リハビリテーション活動支援事業

7 ケアプランってなんですか？

介護サービスも介護予防サービスも、受けるためには「ケアプラン」作成が必要です。

居宅介護支援事業所との契約をしましょう

要介護や要支援の認定がおりると、申請者である親は「介護サービスの利用者」になり、さまざまな場面で「ご利用者さま」と呼ばれることになります。

まずは利用者の現状に合わせて、どんな介護保険サービスをどのくらい利用するか、**計画書**「ケアプラン（居宅サービス計画書）」**を作成**します。計画書とは「ホームヘルパーに来てもらう」「デイサービスでリハビリする」などを、週何回、何時ごろにおこなうのかという具体的なサービス内容を決めた書面です。

ケアプランを作るためには、居宅介護支援事業所と契約し、所属する**ケアマネジャーといっしょに作る**ことになります。（要支援の場合は、地域包括支援センターの保健師らと作ります。）

まず、ケアマネが利用者と面談し、自宅で生活を続けるには、どんな問題点や希望があるかなどを聞きとり、ケアプランの原案を作成。そのあとでケアマネを中心に、利用者や家族、サービス事業者が話し合ってケアプランの原案について検討（サービス担当者会議）したうえで、サービスの種類や回数などを盛り込んだケアプランを、本人の了解を得て完成させます。

左ページは、第1章で登場した「脳梗塞の後遺症のあるA子さん」のケアプランです（⇒P.22）。利用するサービスは「訪問介護（ホームヘルパー）」「通所介護（デイサービス）」「訪問看護」「訪問リハビリテーション」の4つで、それぞれの事業所と契約しています。

具体的なケアプラン例（第1章・A子さんの場合の案）

独居・女性（75歳）・要介護2

- 脳梗塞の後遺症で左半身に麻痺がある。
- 自宅には手すりがあり、つかまって歩けるが、屋外歩行には援助が必要。
- 調理と掃除はヘルパーに週2回依頼。
- 週2回デイサービス。週1回訪問看護と訪問リハ。
- 週末は長女と、長男の妻が来て買い物や調理などを手伝ってくれる。

※点数は地域や加算により異なります。

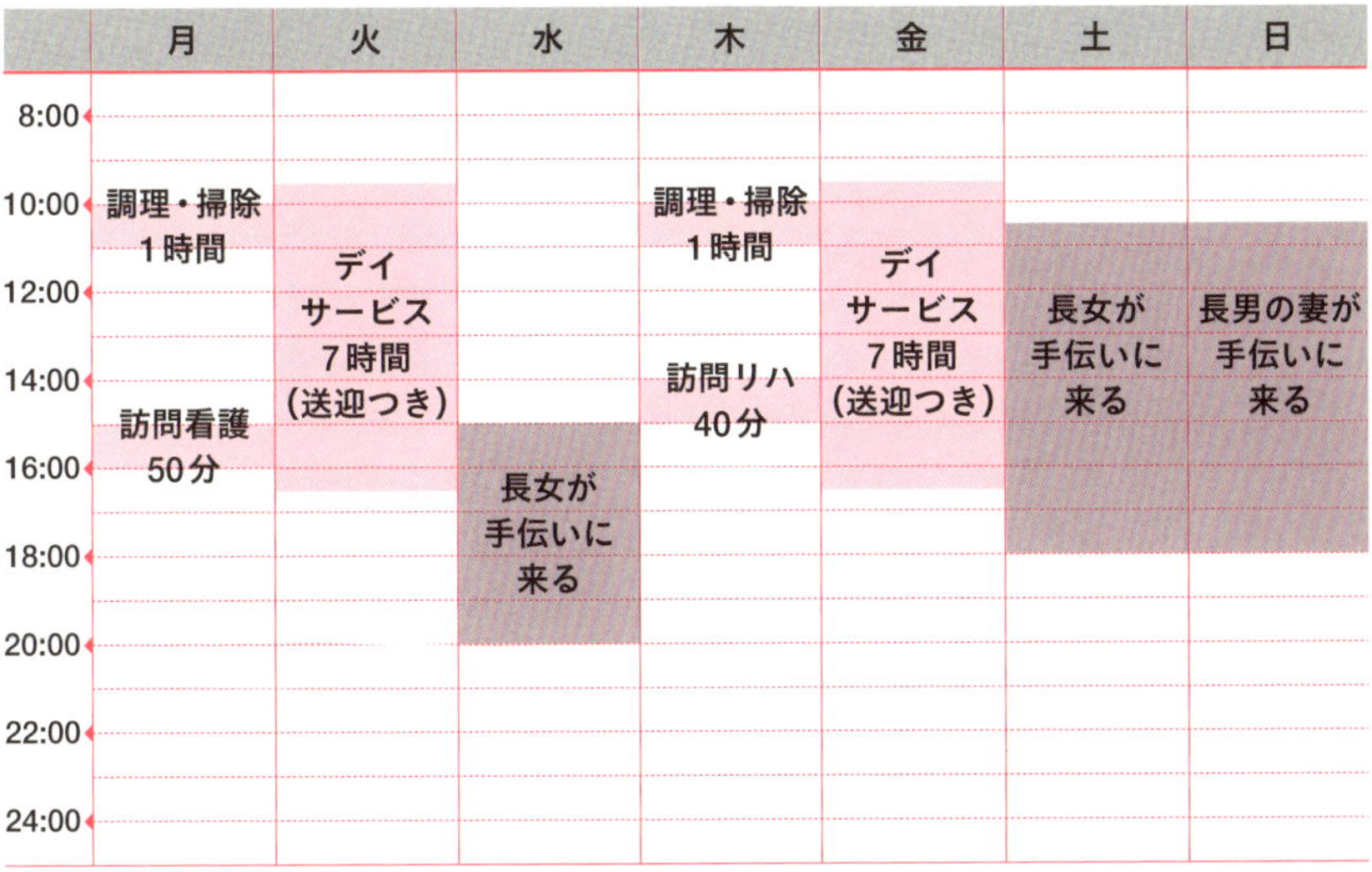

サービス内容	介護保険	1回単価	週回数	週金額
調理・掃除	生活援助	2,230円	2	4,460円
訪問看護	訪問看護ステーション	8,160円	1	8,160円
訪問リハビリ	1回（20分×2）	2,900円×2	1	5,800円
デイサービス	通常規模／7時間／入浴加算	8,110円	2	16,220円
合計	週合計　34,640円×4＋つえ500円　＝139,060円（月額）			
自己負担（1割）	13,906円（月額）			

その他

- つえ（多点つえ）のレンタル（500円／1カ月）
- 訪問診療（月1回）は医療保険

※サービス内容ごとの換算額は、市区町村によって金額が違うことがあります。

この人だあれ？

＼介護保険を使うための司令塔／

ケアマネジャー

どんな人？

正式には「介護支援専門員」。在宅のケアプランを作る人は居宅介護支援事業所に、施設でのケアプランを作る人は介護保険施設などに所属しています。ケアマネは福祉や医療などの国家資格などを持ち、その分野で5年以上の経験を積んだ人が、試験を受けて取得できる資格です。基礎となる資格はさまざまで（下の表参照）、基礎資格によって得意分野があるようです。介護福祉士であれば身体介護サービスの知識が豊富だったり、看護師であれば医療分野が得意だったり。しかし、ケアマネは本来「多職種をつなぐ」役割ですから、もともとの職種に左右されない幅広い知識が求められます。

どんな仕事をするの？

- 利用者や家族と相談しながら、ケアプランを作成する
- 利用者とサービス事業者の間の調整役をする
- かかった費用などを算定して給付管理をする
- ケアプランが実行されているかを定期的にチェック
- 介護保険の申請などの手続きを代行する

どんな資格を持っているの？

介護福祉士	43.9%
看護師、准看護師	24.1%
相談援助業務従事者・介護等業務従事者	11.3%
社会福祉士	6.3%
保健師	3.9%

出典：第20回介護支援専門員実務研修受講試験の実施状況について（厚生労働省）

※第1回〜20回の合格者数の構成比率トップ5。この割合と、居宅介護支援事業所のケアマネの構成は異なります。

ケアプランができるまで

本人や家族と面談（アセスメント）

ケアマネが利用者の状況や日常生活のようす、家族関係や希望などを聞き取る。

▼

ケアマネが原案を作成

アセスメントの結果をもとに、必要とされる介護サービスを検討して原案を作成。

▼

サービス内容の検討・調整

原案をもとに、介護事業者と具体的なサービス内容を調整する。

▼

サービス担当者会議

利用者（家族）、ケアマネ、介護事業者、在宅医療関係などで検討・確認。

▼

**本人が署名・押印し
ケアプラン完成・
介護サービススタート**

Q 「居宅介護支援事業所」と「訪問介護事業所」の違いは

A ケアマネが所属しているのが居宅介護支援事業所

似たような漢字が並ぶのでややこしいのですが、ケアマネが所属しているのが居宅介護支援事業所で、ホームヘルパーの派遣などのサービスを担うのが訪問介護事業所。本来は別組織ですが、訪問介護事業所に居宅介護支援事業所が併設されていることが多いため、「自社のサービスを使うので連携がスムーズ」ということもあれば、「他の事業所のサービスが選びにくい」という問題点も。どこにも併設されていない独立型もありますが、全体の1割以下です。

Q ケアマネと合わない。変えてもらえる？

A できますが、次々変えることにならないように

ケアプランは1回作ったら終わりではなく、随時見直しをしていくものです。信頼関係が築けないと感じたら、変えたほうがいいかもしれません。居宅介護支援事業所の別な担当者に変更する方法もありますし、別の事業所と契約し直す方法もあります。その場合はあらかじめ情報収集して、信頼できるケアマネを見つけましょう。

Q ケアマネとうまくつきあうコツは？

A 気になったことは伝える！違和感をため込まないで

大事なことは、不満や違和感をため込まないことです。こちらの希望とは違うと思ったら、ささいなことでも「どうしてですか？」と聞いてみましょう。家族からケアマネへの連絡や報告もたいせつです。親が入・退院したなどの変化があれば必ず報告を。介護のパートナーという意識を持つことで、お互いに信頼関係が生まれます。

8 介護保険で受けられるサービスって？

ケアプランを作成するということは、介護サービスを選ぶということ。さて何を選ぶ？

サービス名は同じでも中身はさまざま

介護保険のサービスを大きく分けると、①**在宅サービス**、②**施設サービス**、③**介護保険のケアつき住宅**があります。①は自宅で暮らし、「訪問」「通い」「宿泊」などのサービスを組み合わせて使うもの。②は施設に入居してサービスを受ける方法、③は介護保険で入居できる住宅です（⇒P.98）。

左表は、在宅サービスの一覧です。豊富なメニューの中から、必要なサービスを選んで利用するわけです。料金はサービスごとに決まっていて、要介護度（要支援度）によって、利用できる月額の上限が異なります。この上限に達するまでは、利用料の1～3割負担でサービスを受けることができるのです（⇒P.125）。

ケアプランでどんなサービスをどのくらいの頻度で利用するかを決めたら、ケアマネから複数の訪問介護事業所を紹介してもらい、利用者や家族が**決めて契約を結び**ます。利用する介護事業所は自由に選ぶことができるのですが、「どこがいいのか」と聞かれてもピンとはこないでしょう。ケアプラン作成時に「認知症予防に強いデイサービスがいい」とか「聞き上手なヘルパーさんに来てほしい」などの希望を伝えておくと、親のニーズに合うサービスとつないでもらえるでしょう。

ケアマネの所属する事業所のサービスをすすめられても、必要がなければ断りましょう。サービスを実際に利用したあとでも、「思っていたものとは違う」と感じたら、**いつでも変更可能**です。

介護保険で受けられる主な在宅サービスの内容

予＝要支援の人も使える介護予防サービスがあるもの　地＝その市区町村の人だけ利用できる地域密着サービス

訪問　自宅に来てもらって受けるサービス

訪問介護（ホームヘルプ）	ホームヘルパーに自宅に来てもらって、生活援助や身体介護を受ける。	
訪問入浴介護	看護職員と介護職員が浴槽を持参して訪問。入浴の介助を受ける。	予
訪問看護	看護師や理学療法士などから、主治医の指示にもとづいたケアを受ける。	予
訪問リハビリテーション	理学療法士、作業療法士、言語聴覚士などに来てもらい、リハビリテーションを受ける。	予
定期巡回・随時対応型訪問介護看護	24時間対応でホームヘルパーや訪問看護師に来てもらう。「定期巡回」と「随時対応」の2種類のサービスがある。	地

通い　日帰りで施設などに出かけて受けるサービス

通所介護（デイサービス）	デイサービスセンターなどで、食事、入浴などの支援や、機能訓練などを受ける。	
通所リハビリ（デイケア）	老人保健施設や病院などで、食事、入浴などの支援や、機能訓練などを受ける。	予
認知症対応型通所介護	デイサービスセンターやグループホームなどに通い、生活支援やリハビリなどを受ける（認知症の人のみ）。	予 地

宿泊　短期間宿泊しながら受けるサービス

短期入所生活介護（ショートステイ）	常に介護が必要な人が介護老人福祉施設（特別養護老人ホーム）などに短期間入所し、介護やリハビリなどを受ける。	予
短期入所療養介護（ショートステイ）	医療機関や介護老人保健施設に短期間入所し、介護やリハビリなどを受ける。	予

組み合わせ　訪問・通い・宿泊を組み合わせたサービスを受ける

小規模多機能型居宅介護	施設への「通い」を利用しつつ、短期間の「宿泊」や利用者の自宅への「訪問」も受けられる。	予 地
複合型サービス（看護小規模多機能型居宅介護）	「通い」「宿泊」「訪問（介護）」に加えて、看護師などによる「訪問（看護）」も組み合わせられる。	予 地

その他

福祉用具貸与	適切な福祉用具を選ぶための援助・とりつけ・調整などしてもらい、福祉用具をレンタルできる。	予
特定福祉用具販売	入浴や排泄にかかわる福祉用具を購入する費用の支給を受ける。	予
住宅改修	手すりの設置や段差の解消など、住宅改修費の支給を受ける。	予

▶ 施設サービスやケアつき住宅についてはP.99～103を参照。

9

在宅医療

医師や看護師に家に来てもらうには？

在宅介護で医療的なサポートが必要になった場合、在宅でも医療が受けられます。

自宅から近く、看取《みと》りもできる在宅医を

C夫さん（⇒P.36）のようながん末期の患者だけでなく、骨折や脳血管疾患、認知症などさまざまな病気で**在宅医療を受けることができます（医療保険を利用）**。在宅医療のベースになるのは、在宅医による訪問診療と、訪問看護師による訪問看護です。病状が安定していれば訪問診療は月1～2回程度、訪問看護は週1回程度、急変した場合には往診してもらうというのが一般的。

在宅医や訪問看護師をさがす方法はいくつかあります。ひとつは、**病院の患者相談窓口や医療連携室など**で紹介してもらうことです。がんや脳血管疾患などの病気で入院後、在宅医療に切りかえる場合は、退院する前に在宅医を決める必要があります。病院の医療ソーシャルワーカーが相談に乗ってくれるでしょう。

地域でさがす場合には、**地域包括支援センターや市区町村の介護保険窓口、各地の医師会**などで教えてもらうことができます。訪問看護ステーションはケアマネジャーが情報を持っているはずです。

在宅医や訪問看護師を選ぶ重要なポイントは、**家から近い**ということです。緊急対応が求められる場合、遠くであれば間に合いません。自宅から車で30分以内が目安になります。そうは言っても全国的に見ると、在宅医はまだまだ少ないのが実情です。近くに在宅医がいない場合は、**地域のかかりつけ医に「往診してもらえないか」**と聞いてみるのもひとつの方法です。

訪問診療と往診の違いって？

訪問診療

定期的に患者の自宅を訪問して、診察や治療をおこなうことを訪問診療と言います。月に2回程度、時間は1回30分から1時間ほど。診察や必要な治療をし、薬を処方します。

◀ ▶ 両方を使います

往診

患者や家族の求めに応じて自宅を訪問し、診察をすることを往診と言います。救急診療なども往診です。訪問診療を受けていても、それ以外の日に呼び出せば往診になります。

訪問看護を依頼する方法は3つ

自費	医療保険を使う	介護保険を使う
↓	↓	↓
ケアマネや在宅医に相談	在宅医か訪問看護ステーションに相談	ケアマネに相談
↓	↓	↓

在宅医が「訪問看護指示書」を交付する

↓	↓	↓
訪問看護ステーションなどと契約する	訪問看護ステーション、または病院や診療所と契約する	

この人だあれ？

＼ 在宅療養のキーパーソン ／

訪問看護師

どんな人？

在宅医と連携をとりながら、自宅を訪問して看護するのが訪問看護師です。訪問看護ステーションに所属して訪問を専門にする場合と、在宅医のいる医療機関に勤務しつつ訪問看護をおこなう場合があります。どちらも主治医（在宅医）からの指示（訪問看護指示書）にもとづいて、必要なケアを提供するという役割です。訪問する回数や日時はあらかじめ決めておきますが、365日24時間、要請があれば対応してくれます。
看護師は、体温、血圧、脈拍の確認といった医療行為だけでなく、食事や排泄、褥瘡のケアやリハビリをおこなうこともあります。家族の在宅介護や在宅医療への不安や相談にも看護師が応じます。ヘルパーなど介護職の活動内容も、把握しているのは看護師です。在宅医療のかなめとも言える存在です。

どんな仕事をするの？

病状に合わせた看護

- 在宅医の指示に基づく医療措置
- 血圧、脈拍、体温などの測定、病状のチェック
- 点滴、人工呼吸器などの管理

療養生活の世話

- 排泄、入浴の介助、清拭、洗髪、口腔ケア
- 床ずれ防止、褥瘡のケア、在宅酸素の管理
- 機能回復のリハビリテーション
- 家族などへの介護支援と相談、援助

終末期ケア

- 看取りのサポート

＼ 自宅を訪問してくれる医師 ／

在宅医

どんな人？

多くの場合、地域の診療所（クリニック）の医師です。外来診療と訪問診療の両方をおこなう医師が多いのですが、都市部などでは在宅専門の医師も増えてきました。月２回程度在宅療養中の患者を訪問し、必要な医療を提供して薬を処方します。医師によって専門分野があるとしても、基本はすべての病気を網羅的にみられる人です。親が「最期は自宅で」という場合は、在宅での看取りの経験の多い医師に依頼するといいでしょう。

どんな仕事をするの？

- 患者の自宅を訪れて、診察や診療をおこなう
- 訪問看護師、薬剤師、訪問リハビリ、訪問歯科医などへの指示書を出す
- 終末期の看取りをおこなう

＼ 薬の配達や管理をしてくれる ／

薬剤師

どんな人？

薬を調剤薬局まで受けとりに行くことがむずかしい場合、薬剤師が自宅に薬を届けてくれます。訪問時には薬の使用状況や効果、副作用などについて確認。「飲み忘れる」「種類が多すぎてまちがう」などがあれば、朝・昼・夜など飲むタイミングごとに薬をまとめて「一包化」してくれたり、日付や曜日、タイミングごとにウォールポケットに仕分けして「お薬カレンダー」を作ってくれたりします。飲み残しの薬も、薬剤師が整理して次の処方にまわしてくれます。

訪問リハビリテーション

10 家でリハビリしてほしい！

機能回復を目ざすなら、自宅で専門家からリハビリ指導を受けることができます。

自宅の生活に合わせたリハビリを実施

回復期リハビリテーション病棟などから自宅に戻っても、まだまだ安心して生活できるとは言えません。病院で「自宅に帰ってからもリハビリを継続してくださいね」と言われることも多いでしょう。

その場合、**訪問リハビリテーション**という介護サービスを受けることができます。ただし、主治医から「訪問リハビリが必要」と認められた人しか受けられないので、ケアマネから依頼を受けたサービス事業者が、主治医に必要性を確認したうえでのスタートとなります。

訪問リハビリを提供するのは、**理学療法士（PT）**、**作業療法士（OT）**、**言語聴覚士（ST）**のいずれかの資格を持った専門家です。医療機関に所属しており、**主治医の指示にもとづいて**必要なリハビリをおこないます。

リハビリは通所でもできますが（⇒P.84）、自宅でするメリットはいくつかあります。たとえば、実際の生活シーンで使う道具や場所を見てもらい、それに合わせたリハビリを受けることができますし、1対1でこまやかに指導してもらえます。自宅ということで、リハビリを受ける側もリラックスできるうえ、家族もサポートのしかたを具体的に教えてもらえるでしょう。ただし、通所リハビリテーション施設のような、リハビリ機器の充実は期待できません。

なお、PT、OT、STは訪問看護ステーションからも派遣することができます。訪問看護師がリハビリをすることも可能です。

この人だあれ？

＼体の基本動作の回復を手助け／

理学療法士（PT）

どんな人？

運動機能の回復を目的にリハビリをおこなうのが理学療法士です。起き上がる、歩く、座位を保つ、車いすに移動するなどの、基本的な動作を回復させるための機能訓練をしてくれます。運動療法だけでなく、物理療法（電気刺激やマッサージなど）を用いることもあり、医療福祉の分野だけでなく、スポーツの分野での機能回復を担う人も少なくありません。

＼日常生活に必要な動作の練習／

作業療法士（OT）

どんな人？

作業療法とは、基本動作がある程度できるようになった患者に対しておこなうリハビリです。着がえる、調理する、掃除するなどの日常的な動作がスムーズにできるように練習するだけでなく、手遊びやゲーム、手芸などのレクリエーションを通じて機能回復させることもあります。理学療法士よりも、実生活に近いところでリハビリをする専門職です。

＼会話や食事の回復をサポート／

言語聴覚士（ST）

どんな人？

コミュニケーションや食事に関するリハビリを担うのが言語聴覚士です。言語障害（上手に話せない、話が理解できない）、音声障害（声が出にくい）、嚥下障害（かみにくい、飲み込みにくい）といった問題をかかえる患者に対しての援助をします。ＰＴ、ＯＴは全身にかかわるリハビリをおこなうのに対し、ＳＴは口まわりの機能回復の専門家と言えます。

11

訪問介護

家事や介護を助けてほしい！

ホームヘルパーに来てもらい、日常生活や身体ケアの手伝いをしてもらうことができます。

身の回りのことはホームヘルパーに頼る！

体が思うように動かなくなると、食べる、入浴する、トイレにいくといった生活動作や、食事の準備や掃除、洗濯などの家事にも支障が出てきます。親が一人暮らしであればなおのこと、日常生活はままならなくなります。

そんなとき、頼りたいのが訪問介護（ホームヘルプ）サービスです。親は「家に他人を入れたくない」「自分でできる」と言うかもしれませんが、**ヘルパーにほどよく手伝ってもらう**ことが、**在宅介護を長続きさせる秘訣**ではないでしょうか。

訪問介護には、「**生活援助**」「**身体介護**」「**通院等乗降介助**」の3つのサービスがありますが、**いずれも利用者本人のため**のもの。利用者の衣服は洗濯してくれますが「ついでに夫のシャツも洗濯機に入れといて」は、認められません。公平性を保つために、「お疲れさま。あなたも**お茶を飲んでくださいね**」というお誘いも**NG**です。

なお、生活援助のサービスは同居の家族がいる場合には使えないシステムです。ただし、家族が病気や障害などで家事をおこなうことが困難な場合には、介護保険でホームヘルパーを依頼することができますので、ケアマネに相談してみましょう。

もし生活援助サービスが使えない場合には、自治体の高齢者福祉サービスの家事援助サービス（⇒P.95）や、有償ボランティアサービスを利用できないか、調べてみるといいでしょう。

訪問介護で受けられるサービス内容

生活援助

利用者のかわりに必要な家事をおこなう

- 食事の準備や調理
- 食器のあと片づけ
- 住居の掃除、ゴミ出し
- 衣類やシーツなどの洗濯
- 布団干し
- 部屋の片づけ、整理整頓
- 日用品などの買い物代行
- 公共料金の支払い　など

生活援助に含まれないもの

NG
- 家族の部屋の掃除や片づけ
- 家族の食事の準備など
- ペットの世話
- 預貯金の引き出し
- いっしょにお茶を飲む

身体介護

利用者の身体に直接ふれておこなう

- 食事の介助、着がえの介助
- 体位変換
- トイレの誘導や排泄介助
- 入浴介助、服薬の介助
- ひげそり、爪切り、耳掃除
- 歯みがきなどの口腔ケア
- 自立支援のために、ヘルパーが見守りながらおこなう生活援助

身体介護に含まれないもの

NG
- 医学的な判断が必要な処置（褥瘡の管理、カテーテルの洗浄など）
- 散髪、巻き爪の爪切り
- 外食や旅行などへのつきそい

通院等乗降介助

ヘルパーが車で病院への送迎

契約している介護事業所のホームヘルパーが、自分で運転する車に利用者をのせて目的地に連れてゆき、乗車降車の介助をすること。乗降や病院までの移動、受診手続きまでは可能ですが、院内でのつきそいは介護保険サービス外です。介護タクシーを利用することもできますが、介護タクシー代は別途支払いが必要です。

12

訪問入浴介護

お風呂や洗髪、一人では無理みたい

ヘルパーに入浴を助けてもらうことができます。訪問入浴のサービスも検討しましょう。

入浴のサポートを受ける方法はさまざま

入浴の介助といっても、その方法はひとつではありません。介護保険のサービスの中でも、さまざまなサポートを受けることができます。

▼訪問介護の「身体介護」

ヘルパーに入浴のつきそいを依頼するといいでしょう。入浴から着がえまで、ひととおりのケアをしてもらえます。ベッドの上で洗髪だけしてもらうことも可能です。

▼訪問入浴介護を利用する

風呂場までの移動がむずかしい場合には、組み立て式の簡易バスを利用者の自室に運び込んで、専門のスタッフ3名（看護師、ヘルパー）が入浴を介助。たたみ2畳分くらいのスペースがあれば可能です。お湯を入れるところから簡易浴槽への移動、洗髪、終わったあとのあと片づけなどもすべてやってくれます。入浴の前後には、看護師が血圧や体温などをチェックします。

▼通所施設で入浴

デイサービス（⇒P.85）やデイケア（⇒P.86）で入浴を受けられることもあります。プロのスタッフが入浴させてくれるので安心です。

▼訪問リハビリの一環として

理学療法士などが風呂場の手すりやいすの使い方、浴槽の入り方などをリハビリの一環としてサポート。

▼訪問看護による入浴介助

心拍や血圧管理が必要な人や、がん末期の人などは、状態をみながら看護師が入浴介助をすることも。

\ 利用者の生活と体をサポート /

ホームヘルパー（訪問介護員）

どんな人？

在宅で生活する高齢者の自宅を訪問し、生活援助や身体介護をおこないながら、利用者の自立支援を進めるのがホームヘルパーの仕事です。注意したいのは、ホームヘルパーは家政婦ではないということです。ケアプランで決められた家事や介護をしながらも、介護のプロフェッショナルとして、利用者が少しでも「自分でできる」状態に戻れるようにサポートをしていきます。実務的なことだけでなく、家族の介護についての悩みを聞いてもらったり、上手な介護のコツなどをアドバイスしてもらったりすることも可能です。訪問介護事業所に所属しているため、毎回同じ人が来るとは限りません。担当制でも、希望すればかえてもらうこともできます。

どんな仕事をするの？

- 生活援助…利用者の日常生活に必要な家事を代行
- 身体介護…日常生活を送るうえで必要な動作をサポート
- 通院等乗降介助…病院などへの送迎と移動の介助（介護タクシー）

どんな資格なの？

ホームヘルパーに必要な資格はいくつかあり、そのうちのいずれかを持っていれば仕事ができます。
- 介護職員初任者研修（旧ヘルパー２級）
- 実務者研修（旧ヘルパー１級、旧介護職員基礎研修）
- 介護福祉士（国家資格）

13

定期巡回・随時対応

夜間の訪問介護。ヘルパーに頼める？

夜間の排泄ケアや医療的ケアが必要になった場合にも、受けられるサービスがあります。

地域密着型サービスの中で利用可能です

介護度が高くなってくると、夜間にトイレの介助やおむつ交換が必要になることがあります。自力で寝返りが打てない場合には、体位の交換が必要になることもあるでしょう。

夜間に訪問介護サービスを入れる方法もありますが、訪問介護の時間は原則午前8時から午後6時まで。それ以外の時間には、早朝加算や深夜加算がつくので高くなります。しかも、訪問介護は最低でも20分滞在しなくてはいけないので、「ちょっとトイレ」「体位をかえるだけ」で来てもらうには不向きです。

そこで役立つのが「**定期巡回・随時対応型訪問介護看護**」です。**地域密着型サービス**（⇒P.92）のひとつで、1日3～6回程度利用者の自宅を訪問する巡回型のサービスです。1回の時間は短くても、だいたい決まった時間に来てもらえ、利用回数にかかわらず一定額。介護と看護が必要に応じて受けられます。**24時間オペレーターが対応**してくれるため、緊急時に連絡すれば駆けつけてもらえます。

同じく地域密着型サービスで、「**夜間対応型訪問介護**」というサービスもあります。これも基本的には「定期巡回・随時対応型訪問介護看護」と同じで、定期巡回と、オペレーターによる随時対応が可能。吐いた、気分が悪いなどの急変にも対応します。夜間から早朝に限定していること、利用した分の支払いになっている点が違います（オペレーターサービスのみ月額）。

定期巡回・随時対応型訪問介護看護

地域密着型サービス

介護と看護が一体。24時間365日・定額制で

2012年に、地域包括ケアシステムの中核を担う役割としてスタートした制度です。短時間でも1日に何回か訪問する定期巡回訪問と、利用者や家族からの連絡で緊急訪問してくれる随時対応の2つを組み合わせたサービス。緊急時にも対応してくれるので、一人暮らしでも重度の介護状態でも、安心して自宅で暮らすことができます。

●サービス提供の例

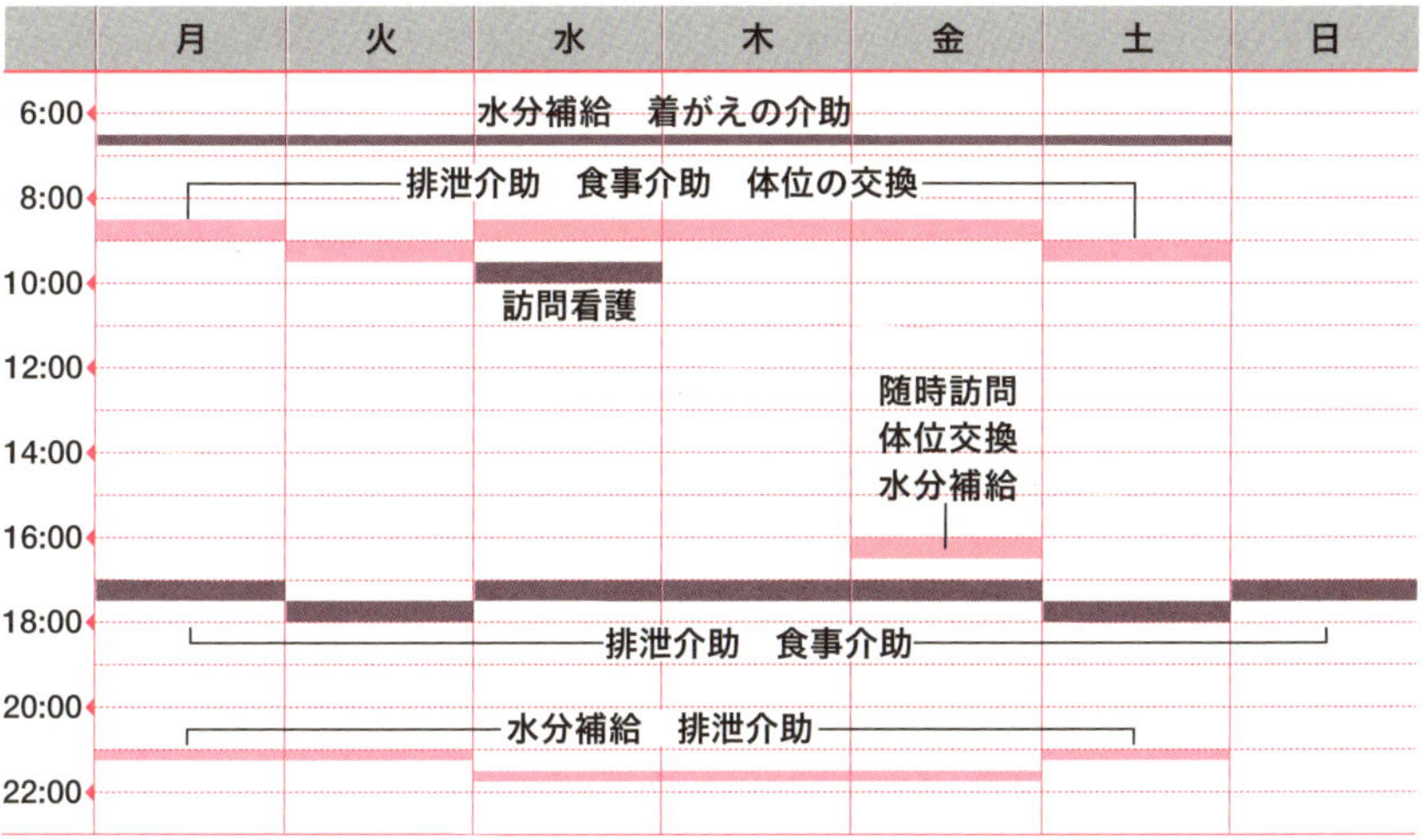

定期巡回

契約している利用者の家を、訪問介護と訪問看護が一体的、または密接に連携しながら定期巡回する。1回の時間は5分程度の声かけから、1時間程度の食事の介助までさまざま。

随時対応

契約するとケアコール端末が渡され、それを押すとオペレーターにつながります。転倒した、急にぐあいが悪くなったというときには、オペレーターから事業所などに連絡がいきます。

14

福祉用具貸与・購入

介護ベッドと手すりが必要です

住み慣れた自宅で安全に暮らすために必要な福祉用具にも、介護サービスが使えます。

あわてて購入せず、ケアマネに相談しよう

親の介護が始まると、「介護ベッドが必要」「手すりをつけなくちゃ！」とホームセンターに駆け込む人がいますが、あわててはいけません。購入すれば数十万かかる介護ベッドも、**介護保険を使えば月々１０００円程度でレンタル**できます。不要になれば福祉用具業者を通じて随時返却できますし、別のものへのとりかえも可能。組み立てや搬入、定期点検やマットレスの交換もしてくれて、料金は介護保険の自己負担分（1～3割）ですみます。

トイレやお風呂など直接**肌にふれる福祉用具は、年間10万円を限度**に、介護保険の自己負担分で購入できます。かかった費用はいったん全額支払い、市区町村に申請すれば自己負担分を除いた額が払い戻されるしくみです。（自己負担分の支払いで購入できることも）

福祉用具の価格は業者によって違います。「できるだけ安いものを」と思う気持ちもわかりますが、使い方しだいでは思わぬミスマッチが起きることもあります。**指定業者**には福祉用具専門相談員がいて、利用者に合った用具を提案してくれるはず。定期的に使用状況を確認し、状況に合わせて別な商品を提案してくれる場合もあります。疑問や不安があれば質問し、誠実に対応してくれる業者を選びましょう。

住宅を改修する必要がある場合は、介護保険の規定内であれば20万円を上限に、1～3割の負担で改修できます（⇒P.24）。

介護保険の対象になる福祉用具

レンタルできるもの

車いす	自走式車いす、介助用電動車いすなど	要介護2以上
車いす付属品	クッション、電動補助装置など	要介護2以上
床ずれ防止用具	エアマットなど	要介護2以上
体位変換器	起き上がり補助装置を含む	要介護2以上
特殊寝台	介護用ベッド、電動介護用ベッドなど	要介護2以上
特殊寝台付属品	サイドレール、マットレスなど	要介護2以上
手すり	工事不要のもの	要支援1以上
認知症老人徘徊感知機器	離床センサーを含む	要介護2以上
歩行器	体の前や左右につかまる部分のついたもの	要支援1以上
歩行補助杖	松葉杖、多点杖など	要支援1以上
スロープ	工事が不要のもの	要支援1以上
自動排泄処理装置	尿や便が自動的に吸引されるもの	要介護4・5
移動用リフト	バスリフト、立ち上がり補助いす、電動介助リフトなど（つり具部分を除く）	要介護2以上

購入が必要なもの

腰かけ便座	すえおき式便座、ポータブルトイレなど
入浴補助道具	入浴介助ベルト、浴槽内いす、浴槽手すりなど
移動用リフトのつり具の部分	
自動排泄処理装置の交換部品など	レシーバー、チューブ、タンクなど
簡易浴槽	

※都道府県知事や市から指定を受けた特定福祉用具販売事業者から購入したもののみ対象になります。

15

通所介護・通所リハ

「通所サービス」の種類って何があるの？

在宅サービスを受けながらでも、日帰りで施設を利用することができます。

施設で身体ケアやリハビリが受けられます

在宅介護を続けながら、**介護保険を使って施設を利用する**ことができます。それが通所サービスです。送迎車で送り迎えしてもらえますし、サービスにもバリエーションがあります。介護する家族にとっては、日々の介護の心身の休息になるでしょう。

いちばん利用が多いのはデイサービスです。朝から夕方までの滞在中に食事や入浴ができ、昼食代（自費）を含めて1500円前後（1割負担で要介護1の場合）の自己負担です。介護度が高い場合には身体介護サービス中心ですが、要支援の人向けには、市区町村の総合事業の通所介護施設があり、介護予防の筋力トレーニングや基本動作訓練、日常生活動作訓練などとメニューも豊富。

デイサービスとひと口に言っても、利用者を増やすために工夫をこらしたサービスを展開している事業所も多く、大きな声を出すことで呼吸筋を鍛えるリハビリとしてカラオケをしたり、ボケ予防や脳機能の回復を目的として麻雀やカードゲームをするなど、さまざまな独自のリハビリメニューをそろえたデイもあります。親との相性を考えて選びたいものです。

ただし、忘れてはいけないのが**施設の持つ「機能」**です。親に認知症があれば認知症専門のデイサービスを受けたいですし、運動機能を回復したい場合には相応の機器が必要です。**親の状況に合わせた機能を持つデイサービス**をさがしましょう。

送迎つきで日中の介護を

デイサービス（通所介護）

どんなサービス？

デイサービスセンターなどで、食事や入浴などの生活上の支援や、機能訓練なども受けられます。施設の規模は大規模から小規模までさまざまで、規模によっても利用料金は変わってきます。2015年から利用時間が最長14時間まで延長可能になり、2018年からは通所介護の場所を使った宿泊（お泊りデイ）も、介護保険サービス外ですが利用可能になってきています。

どこで受けられる？

- デイサービス事業所
- デイサービスセンター（定員19人以上）
- 特別養護老人ホーム　など

※小規模デイサービス（18人以下）は地域密着型サービス

どんなことができる？

- 食事、入浴
- 機能訓練（リハビリ）
- レクリエーションなど

デイサービスの流れ（例）

8:30	送迎車でお迎え
9:00	血圧・脈拍・体温の測定
9:30	機能訓練 ぬり絵、工作、ドリル、体操、歩行訓練など
10:30	入浴
12:00	昼食
13:00	レクリエーション活動 ゲーム、カラオケ、囲碁将棋など
15:00	お茶タイム
16:00	帰宅準備、帰りの会
16:30	送迎車に乗り込む
17:00	帰宅

このサービスなぁに？

＼専門的なリハビリを受けられる／

デイケア（通所リハビリテーション）

どんなサービス？

病院や診療所、介護老人保健施設（⇒P.101）などの医療機関で受けられる、通所型のリハビリです。医師の指示がなければ利用できません。老健（介護老人保健施設）などに専門のスタッフが常駐して、利用者に合わせたリハビリが受けられます。2018年度から短時間化が進み、「パソコンなど、新しいチャレンジで脳の活性化と若さを保つことを目的に」など、目的意識がより明確に。

どこで受けられる？

- 介護老人保健施設
- 病院、診療所　など

どんなことするの？

- 機能訓練（リハビリ）
- 日常の基本動作の訓練
- 口腔機能の訓練
- 食事、入浴　など

デイサービスとの違いは？

メリット
- リハビリの機器やプログラムが充実している
- 専門的なスタッフが多い
- 医療スタッフのサポートがある

デメリット
- デイサービスよりも利用料が少し高め
- 食事や入浴のサービスがない場合がある
- レクリエーションや交流の機会が少ない施設もある

このサービスなぁに？

＼少人数で地域の人と交流／

地域密着型通所介護

どんなサービス？

「小規模デイサービス」と呼ばれるもので、定員が18人以下。デイサービスの中で、2016年から地域密着型サービス（⇒P.92）に移行されました。利用者は市区町村の住人に限定されていてアットホーム。

どこで受けられる？

- 小規模のデイサービスセンターなど

地域密着型サービス

＼専門的なケアが受けられる／

認知症対応型通所介護

どんなサービス？

「認知症デイサービス」と呼ばれるもので、定員12人以下。一般のデイサービスなどの別室で、認知症専用のサービスをおこなう。認知症の人が懐かしくなるような物が配置されるなど、環境づくりにも工夫。

どこで受けられる？

- デイサービスセンター
- グループホーム　など
- 特別養護老人ホーム　など

地域密着型サービス

＼医療行為が必要な人向け／

療養通所介護

どんなサービス？

常に医療行為が必要となるような難病、認知症、脳卒中の後遺症、がん末期患者などを対象におこなう通所介護。送迎の段階から看護師がつきます。

どこで受けられる？

- 療養通所介護事業所　など

（介護老人保健施設や訪問看護ステーションなどに併設されていることも多い）

地域密着型サービス

16 ショートステイ

数日間だけの宿泊もできますか？

同居の家族の都合などで、滞在してサービスを受けるときは、ショートステイが利用できます。

最長で連続30日間。基本は1泊〜1週間程度

同居で親の介護をしていても、子ども自身が病気になったり、長期間出張があったりすることもあるでしょう。親の状態が悪化して「家では介護できない」というときもあるかもしれません。

そんなとき利用したいのがショートステイです。「**短期入所生活介護**」と、医療的な介護が必要な「**短期入所療養介護**」の2つがあります。

介護老人福祉施設（特養）や、介護老人保健施設（老健）などに併設されていることが多く、その施設に入居している人と同様に食事や入浴、排泄などの介助を受けることができます。利用期間は**数日から1週間**くらいが一般的ですが、**最長で30日間**預かってくれます。**食事代と住居費は自己負担**です。

利用したい場合には、ケアマネジャーに早めに連絡して、部屋を確保してもらう必要があります。もちろん「介護者が病気になって緊急で利用したい」という場合でも対応してくれますが、空き室がない場合もあります。そのときは、市区町村の委託施設にショートステイできることもあるので、ケアマネを通じて問い合わせてみるといいでしょう。

また、利用する前に**施設の見学**に行き、親がリラックスして過ごせるところをさがしましょう。

このサービスなぁに？

＼宿泊して身体介護などを受ける／

ショートステイ（短期入所生活介護）

どんなサービス？

利用者の心身の状態が悪いとき、介護している家族の病気や冠婚葬祭、出張などで介護できない場合などに、短期間（1～30日）施設に入所できる制度。特養や老健などに併設されていることが多いですが、ショートステイのみをおこなう「独立型」の施設もあります。予約するときにはケアマネが施設の事業者に空き状況を確認し、受け入れが決まったら、施設の担当者などといっしょにケアプランを作成します。

どこで受けられる？

- 介護老人福祉施設（特別養護老人ホーム）
- ショートステイ単独型施設　など

＼病気があっても安心して滞在／

医療型ショートステイ（短期入所療養介護）

どんなサービス？

長期間、医療的な介護を受けている場合には、医療施設に設置されているショートステイを利用すると安心です。通常のショートステイよりも医師や看護師の配置が手厚いため、利用費も少し高くなります。定期的にショートステイを受けることで、施設や病院に長期間入院するような人でも、在宅療養を送ることができるというメリットがあります。

どこで受けられる？

- 病院、診療所
- 介護老人保健施設　など

小規模多機能型居宅介護

17

1カ所の施設で訪問・通い・宿泊にも対応

デイサービスとショートステイを同じ施設で利用し、ヘルパーもそこから来てもらえます。

パッケージ型のサービスを定額で利用できる

訪問介護、通所サービス、ショートステイといった**在宅系のサービスを、1カ所の事業所でまとめて受けられる**サービスもあります。それが小規模多機能型居宅介護です。

利用するためには、小規模多機能型居宅介護の事業所と契約する必要があります。登録できる定員は定められていて、ひとつの施設で最大で29人。登録していれば、365日24時間、定額でサービスを利用することができます。**どのようなケアプランで利用するかは、小規模多機能型居宅介護に所属するケアマネジャーと相談**して決めるため、それまでのケアマネとは離れることになります。一般的には、通所介護（デイサービス）に通い、必要に応じてショートステイや訪問介護を利用するケアプランになります。1カ所で対応してもらえるため、顔なじみのスタッフに介護してもらえますし、「今日はデイサービスを利用しているけれど、急に残業が入ってしまって帰宅がおそくなるので、ショートステイに切りかえてほしい」などの家族の希望にも、臨機応変に対応してくれる場合もあります。

これも**地域密着型サービス**（⇒P.92）のひとつとなるため、その市区町村の住民しか使えません。また、小規模多機能型居宅介護を利用している場合には、ほかの事業所のデイサービスやショートステイ、訪問介護を利用することはできません。福祉用具の利用や、訪問リハビリ、居宅療養管理指導などは受けられます。

このサービスなぁに？

「通い」を中心に
別のサービスも柔軟に対応

小規模多機能型居宅介護

どんなサービス？

ひとつの事業所で、通所介護（デイサービス）とショートステイ、訪問介護を定額で受けられます。顔なじみのスタッフが訪問介護も通所介護も宿泊も担当してくれるので安心です。各サービスの定員が限られているので、必ずしも希望した日に利用できないことも。

どこで受けられる？

- 小規模多機能型居宅介護施設
- 介護老人福祉施設（特別養護老人ホーム） など

地域密着型サービス

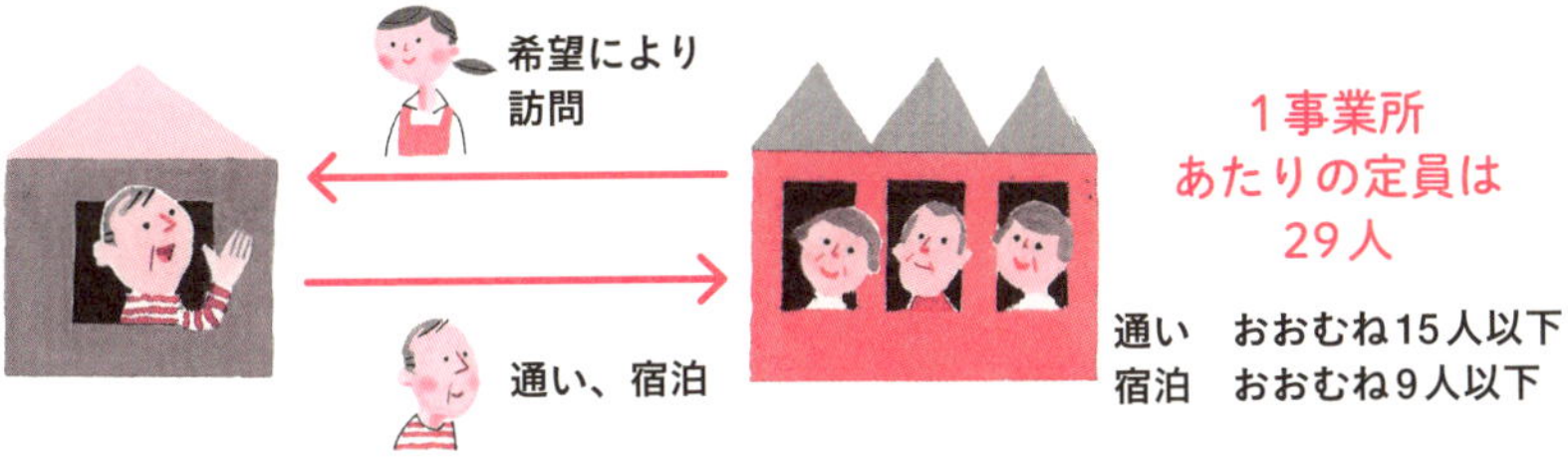

3つの要素に「看護」もプラス

看護小規模多機能型居宅介護（複合型サービス）

どんなサービス？

小規模多機能型居宅介護よりも、看護師の配置を手厚くしたのが看護小規模多機能型居宅介護です。ふだんは訪問看護ステーションと契約を結んで訪問看護を受けていた人でも、複合型サービスを利用することで1カ所での契約ですむことになります。こちらも定額制。

どこで受けられる？

- 複合型ケア施設
- 病院や診療所　など

地域密着型サービス

18

地域密着型サービス

地域密着型サービスで、介護保険は使えるの？

介護保険サービスには全国一律のものと、地域密着型があり、後者の数が増えています。

介護サービスは「国」から「地域」へ

ここまで紹介してきたように、介護保険サービスの中には**全国一律のサービス**と、地域の特性に合わせて**市区町村が担う「地域密着型サービス」**があります。どちらも介護保険が利用できますが、**地域密着型は、**原則として、サービスを提供する事業所がある**市区町村の住民だけが対象です。**「地域密着」という言葉どおり、その地域に必要なサービスを柔軟に、独創的に提供しているのが特徴。小規模な施設が多く、ひとつの事業所でいくつものサービスを提供していることもあり、スタッフとも顔なじみになりやすいのがメリットです。地域住民の交流の場にもなります。

なかでも国が力を入れているのは、定期巡回・随時対応型訪問介護看護、小規模多機能型居宅介護、看護小規模多機能型居宅介護の3つです。いずれも定額制で、何を何回利用してもいいという名目になっています。家族のように地域で見守る、地域包括ケアシステムの切り札として考えていて、開設する事業所には多くの補助金を出しています。

しかし、事業者にとってはけっして楽な仕事ではありませんし、場合によっては利益に結びつかないこともあります。そうなると、利用者にとっても期待したサービスが受けられないこともあります。

利用する場合には**必ず見学**に行くなどして、くわしい話を聞き、**サービス内容を見きわめる**必要があります。

地域密着型サービスの例

① 定期巡回・随時対応型訪問介護看護
② 夜間対応型訪問介護
③ 地域密着型通所介護
④ 認知症対応型通所介護
⑤ 療養通所介護
⑥ 小規模多機能型居宅介護
⑦ 認知症対応型共同生活介護（グループホーム）
⑧ 地域密着型特定施設入居者生活介護
⑨ 地域密着型介護老人福祉施設入居者生活介護
⑩ 看護小規模多機能型居宅介護（複合型サービス）

地域密着型サービスの特徴

月額包括報酬

定期巡回・随時対応型訪問介護看護や、小規模多機能型居宅介護などは、利用回数にかかわらず一定額。「使いほうだい」ではなく、必要に応じたサービスを受けることが目的。

利用者のニーズに対応しやすい

小規模の施設が多く、地域の実情に合わせているため、通常の介護サービスにくらべて、時間やサービス内容、回数なども柔軟に対応してもらうことが可能。

顔なじみのスタッフが多い

小規模多機能型居宅介護と契約すれば、訪問・通い・宿泊の各サービスを同じ事業所で受けられるので、スタッフとも顔見知りに。利用者も地域の人が多く親しみやすい。

19

地域資源

介護保険外で利用できる福祉サービスは

介護生活のサポーターは介護保険だけではありません。地域資源を活用しましょう。

高齢者向けのサービス、知らなきゃ損です

介護保険のサービスには限度や制約があり、それだけで十分とは言えません。そこで着目したいのが介護保険以外の地域のサービス。これらは「地域資源」とも呼ばれ、地域包括ケアシステムにおいても重要な役割を担っています。どんな地域資源があるかは、地域包括支援センターや市区町村の高齢者支援窓口で教えてもらえるでしょう。たとえば以下のようなものです。

▼行政の高齢者福祉サービス

市区町村が主体となって、さまざまな高齢者福祉サービスをおこなっています（左表）。

▼社会福祉協議会のボランティア

「電球をかえてほしい」「ちょっと買い物を頼みたい」など30分から1時間程度の仕事を、数百円から1000円程度のお礼で依頼できます。

▼シルバー人材センター

家事や庭の清掃作業などの仕事を、元気な高齢者に依頼できます。料金は地域で違いますが、家事労働などは1時間1000円前後。短期間で終わる仕事が基本。

▼地域のボランティアグループ

地域や町会、大学や高校のボランティアサークルが無料で対応してくれることも。

▼商店街やスーパーの配達

米屋と酒屋は電話一本で商品を配達してくれる頼もしい存在です。扱う商品も多岐にわたっていますので利用してみるといいでしょう。

市区町村の高齢者福祉サービスの例

食事の宅配サービス	調理や買い物がむずかしい高齢者に、栄養バランスのとれた食事(弁当)を配達するサービス。自治体や業者によって価格は違うが500〜800円程度。配食サービスとともに、利用者の健康状態などを継続的に見守る目的もある。
寝具洗濯乾燥サービス	寝たきりなどで布団を干すことがむずかしい高齢者世帯に、1〜2カ月に一度くらいの頻度で寝具の乾燥や消毒、丸洗いなどをおこなう。寝具が干せる人と同居している場合には対象外になることが多い。費用負担あり。
おむつ代の助成	要介護度によって、支払った紙おむつ代が助成される。支払ったおむつ代の領収書などを持って窓口に申請すると、限度額(月額数千円程度)までの実費が支給される。自治体によっては現物が支給される場合も。
高齢者緊急通報システム	高齢者のみの世帯に、ペンダント型の緊急通報ボタンや、通報機、安心センサー(赤外線センサーで、一定時間人の動きを感知しないと自動通報される)などが貸与され、必要に応じて地域住民や警備会社の担当者が駆けつける。
訪問理美容サービス	外出するのが困難な高齢者に、自宅でヘアカットをしてくれるサービス。自治体によって、「理美容師の出張費のみ支給」「ヘアカットを500円で受けられる」など、サービス内容が違うので確認を。
火災予防機器の貸与・給付	認知症など、防火の配慮が必要な高齢者に対して、電磁調理器具、自動消火装置、ガス警報器などを貸与または給付して火災の予防をする。スプリンクラーの定期検査などをおこなう自治体も。
家事援助サービス	同居で介護している家族の休息を目的にした家事援助や、介護保険の認定を受けていない高齢者だけの家庭に、一時的にホームヘルパーを派遣する制度。費用負担は自治体によって違う。
見守り、定期訪問	一人暮らしや高齢者だけの世帯を、定期的に見守るサービス。方法はさまざまで、民生委員などが自宅を訪問したり、定期的に電話で安否確認をしたり、牛乳などを無料で配達するなど。
ゴミ出し支援	ゴミ置き場まで家庭ゴミを運ぶのが困難な高齢者に対して、ゴミ出しのサポートをしている自治体もある。公的サービスとしてやっていなくても、町内会などでゴミ捨てサポートをしている場合も。

今後の介護保険改正の行方

20

「混合介護が進む」ってどういうこと？

介護保険のサービスと、保険外サービスを弾力的に組み合わせられるようになりました。

混合介護をする場合のルールが明確に

介護保険を使う場合、その利用方法は具体的に決められています。たとえば訪問介護でヘルパーが生活援助をする場合、介護保険で認められているのは利用者の分だけの調理や洗濯です。同居の家族の分の調理や洗濯は「保険適用外」で、認められていません。

「混合介護」とは、介護保険適用のサービスと、適用外の自費サービスを組み合わせて使うことを言います。これまでも混合介護が禁止されていたわけではなかったのですが、明確なルールがなかったために事業者は使いにくかったのです。

2018年、厚生労働省は**混合介護を利用する場合のルールを明確に**しました。①保険内と保険外のサービスが明確に区分されていること、②利用者に対して文書で説明をして同意を得てケアプランに入れていること、などです。実際にどんなふうに使えるかというと、左の図のように、デイサービスの途中で保険外サービスである買い物にスタッフがつきそったり、買い物の代行をしてもらったりすることなどが可能になります。一方で、前述の「家族の食事と利用者の食事をいっしょに作る」「家族の洗濯物をいっしょに洗濯機に入れて洗う」という行為は、**保険の明確な区分ができない**ため、厚生労働省は引き続き「**提供不可**」としています。

自費サービスとあわせて使うことで、利用者の利便性が増すことは確かですが、その分、利用者の自費負担が増大することも忘れてはいけません。

新ルールの中で認められる混合介護の例

デイサービスの途中で外出につきそってもらい、買い物をすませる

8:30〜9:00	9:00〜13:00	13:00〜15:00	15:00〜17:00	17:00〜
送迎	デイサービス	保険外サービス（外出・買い物）＝自費	デイサービス	送迎

訪問介護のあとに自費でのサービスを同じヘルパーに依頼する

13:00〜14:00	14:00〜15:00
介護保険のサービス（生活援助）調理、掃除	保険外サービス 犬の散歩、えさやり ＝自費

ほかにも

- デイサービスの施設に医師に来てもらい、予防接種を実費で受ける
- デイサービスの途中で、職員に買い物の代行をしてもらう（自費でサービスを依頼）
- 訪問介護のヘルパーに、庭や玄関先の掃除をしてもらう（自費でサービスを依頼）

メリット

- 料金を支払えば、より効率的に、より弾力的にサービスを利用できる。
- 介護事業者は収益を上げることができ、介護従事者の待遇改善が期待できる。
- 業者どうしの競争が進み、自費サービスの高額化が防げる。

デメリット

- 保険外サービスは全額自費になるため、お金がかかる。
- 保険外サービスを受けられる人と受けられない人との間で、介護格差が広がる。
- 悪質な業者が、不必要な保険外サービスを強要するおそれがある。

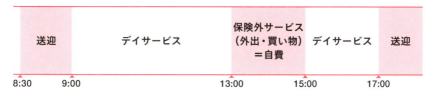

21

施設・居住系サービス

在宅介護はもう無理……施設入居を考えたい

最初は在宅介護でがんばれても、親の状況によって施設入居を考えることもあります。

長期的な見通しを立てて施設を選ぼう

「施設への入居」とひと口に言っても、その施設の種類はさまざまです。利用できるサービスも違えば、かかる費用もピンからキリまで。高齢者が入居できる施設は、主に左ページの表にあるものです。

▼介護保険施設

施設入居を考えるとき、最初に候補にあがるのは介護保険を利用して入居できる**介護保険施設**です。この3つの施設は、入居一時金がかからないため人気です。老健と介護医療院は医療法人が運営し、特別養護老人ホームは社会福祉法人などの運営になります。人気の特養では入居待ちが続くことでも知られています。

▼介護保険のケアつき住宅

介護保険がきくケアつき住宅には2種類あり、ひとつは**特定施設**（都道府県の指定を受けた有料老人ホームなどが、人を雇って介護をすると、介護の部分にだけ保険がきく）。もうひとつは認知症の人が少人数で暮らす**グループホーム**です。

▼高齢者向けの住宅（介護保険外）

介護保険が使えない施設はさまざまです。入居の条件も食事などの有無も、施設によって違います。介護保険のサービスを利用したい場合には、自宅にいる場合と同じように在宅介護サービスを導入します。

このような特徴をふまえ、施設選びは長期的な視点で進めたいものです。親の住む地域でさがすか、子どもが通いやすい地域にするかも十分検討しましょう。

高齢者が入居できる主な施設の種類

介護保険施設

施設名	入居条件など
介護老人福祉施設（特別養護老人ホーム）	要介護3以上
介護老人保健施設（老健）	要介護1以上
介護医療院	長期療養が必要、要介護1以上

介護保険のケアつき住宅

特定施設入居者生活介護	要支援1以上
グループホーム（認知症対応型共同生活介護）	要支援2以上

介護保険外の住宅

有料老人ホーム	施設によってさまざま
養護老人ホーム	65歳以上、環境上の理由や経済的理由で在宅で養護を受けることが困難
軽費老人ホーム	60歳以上、家庭環境、住宅事情等の理由で在宅での生活が困難
サービスつき高齢者向け住宅	自立〜介護度が低めな人
シルバーハウジング	60歳以上

この施設なぁに？

＼ 有料老人ホームなどが実施 ／

特定施設入居者生活介護

どんな施設？

都道府県の事業指定を受けた施設（有料老人ホームなど）を「特定施設」として、そこで介護保険のサービスが受けられるもの。施設内にサービスがある場合と、外部から訪問で受ける場合があります。

どこで受けられる？

- 介護つき有料老人ホームなど

この施設なあに？

＼要介護3以上、常に介護が必要な人向け／

介護老人福祉施設（特別養護老人ホーム）

どんな施設？

65歳以上で要介護度が3以上の人が暮らす公的な施設です。日常的な介護を必要とする高齢者に、介護と生活援助を提供してくれます。4人一部屋の「多床型」や「従来型個室」のほか、最近増えているのは「ユニット型」です。すべて個室ですが、10人以下の「ユニット」ごとに共有スペースがあるため、プライバシーが守られながら、ゆるやかに人と交わることができることで人気です。料金も手ごろで、介護スタッフも手厚く配置されているため、入居待ちが非常に多い施設なのです。

どんな人が入れるの？

- 要介護3以上
- 40～64歳の特定疾病を持つ人
- 看取りまでする施設も多い

入居費の目安

- 入居一時金　なし
- 月々の費用　多床型　8万～10万円
　　　　　　　ユニット型　12万～14万円

入居までの流れ（例）

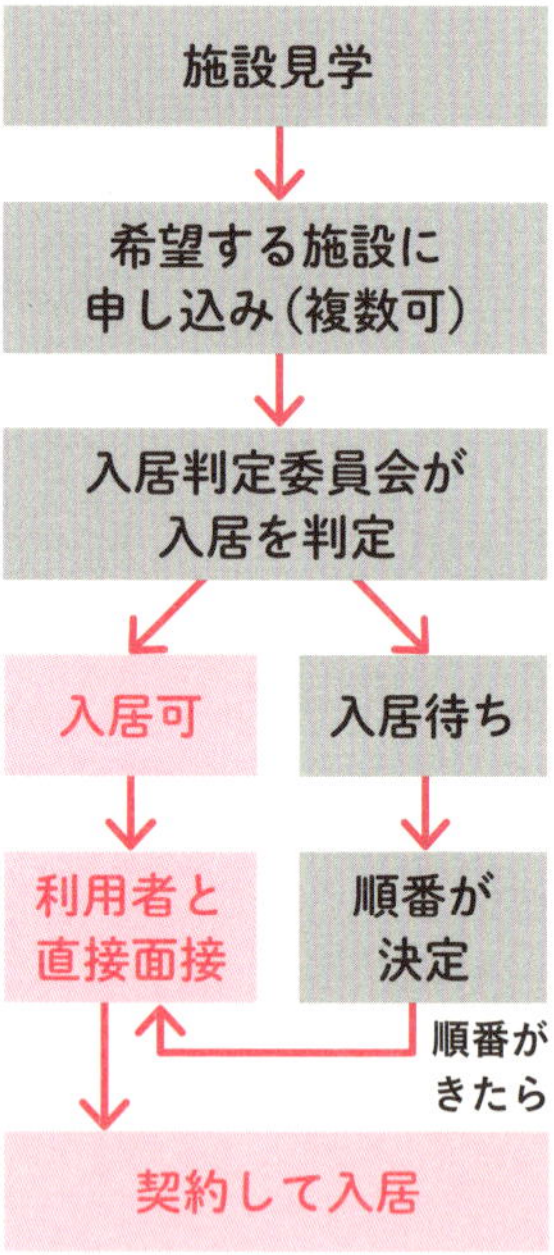

なかなか入れない！入居を早めるコツは？

特養の入居待ちは単なる早いもの順ではなく、加点方式。要介護度が高い、介護者がいない、現在の住まいに問題があるなどさまざまな項目で加点されて順番がつきます。要介護度が上がるなど変化があれば、申し込み後でも連絡を。複数申し込むことも可能です。

＼在宅復帰に向けたリハビリが充実／

介護老人保健施設（老健）

どんな施設？

急性期病院などから自宅復帰するまでの間に、リハビリなどをおこなうために入居する医療型の施設。ショートステイやデイケアもおこなっています。入所期間は原則3カ月。しかし、現実には老健から在宅に戻る人は多くはなく、長期間入所している人が中心です。特養の入居待ち施設となっている側面もあります。

どんな人が入れるの？

- 要介護1以上
- 65歳以上
- 在宅復帰に向けてリハビリが必要な人

入居費の目安

- 入居一時金　なし
- 月々の費用　10万円前後

＼2018年4月スタートの長期療養施設／

介護医療院

どんな施設？

2018年4月の法改正で生まれた施設です。従来あった「介護療養型医療施設」を徐々に減らしていき、介護医療院にかえていく方針です。その数はまだ少ないですが、医療が必要な要介護高齢者の、長期療養・生活施設。医師や看護師の配置が手厚いので、病状が悪化して在宅で暮らせなくなった人の受け皿としてのニーズもあります。

どんな人が入れるの？

- 長期療養が必要な人

入居費の目安

- 入居一時金　なし
- 月々の費用　8万～10万円前後

介護療養型医療施設は6年の猶予つきで廃止

介護療養型医療施設は、長期の療養を必要とする高齢者の介護施設で、病院のような相部屋が中心。2012年からは新設が認められず数は減り続けていましたが、残っていた介護療養型医療施設は介護医療院に転換するところが多いようです。今後6年以内にすべて廃止となる予定。

この施設なぁに？

＼少人数でアットホームな地域密着型サービス／

グループホーム（認知症対応型共同生活介護）

地域密着型サービス

どんな施設？

地域密着型サービスのひとつで、認知症の人が専門スタッフの介助を受けながら少人数で共同生活する施設です。1ユニット9人まで、1施設3ユニットまでと小規模。運営母体は社会福祉法人やＮＰＯ法人から民間企業までとさまざまで、施設によってかかる費用の差が大きいので、事前に確認するようにしたいものです。入居一時金も必要なところが多いです。

どんな人が入れるの？

- 要支援2以上
- 認知症のある高齢者
- 施設のある市区町村在住

入居費の目安

- 入居一時金　0～数十万円
- 月々の費用　10万～20万円くらい（介護保険の自己負担額＋家賃、光熱費、食費など）

＼低所得者向け福祉施設／

養護老人ホーム

どんな施設？

介護保険の対象外だが、社会福祉法人が運営する低所得者を対象にした高齢者向けの公的住宅。住まいと食事が提供され、職員も配置されています。

どんな人が入れるの？

- 65歳以上
- 経済的な理由などで在宅生活が困難
- 要介護認定を受けていない人

※入居の可否は市区町村が決定

入居費の目安

- 月々の費用　0～8万円くらい（所得に応じて異なる）

＼価格もサービスも多種多様／

有料老人ホーム

どんな施設？

民間企業が運営する有料老人ホーム。さまざまなタイプがありますが、基本は住宅と食事サービスを提供する高齢者向けの住まい。在宅介護サービスを併設しているところも多く、地域の福祉サービスを利用することもできます。入居条件はさまざまなので必ず確認を。

入居費の目安

- 入居一時金　0～数千万円
- 月々の費用　10万～30万円くらい

＼要介護度が高いと入居できないことも／

サービスつき高齢者向け住宅（サ高住）

どんな施設？

バリアフリーな室内、一定の面積や設備などをそろえた、高齢者向けの住宅です。住民の安否確認サービスや、生活相談などもしてくれるので「親を一人暮らしさせるのは心配」というニーズに対応しています。賃貸住宅なので高額な入居一時金もなく、介護が必要になったら外部の事業所に個別に依頼することもできます。介護度が重いと入居できないことも。

どんな人が入れるの？

- 自立〜介護度が低めな人が中心
- 重度でも入居可能な場合も

入居費の目安

- 入居一時金　敷金・礼金程度（保証金が必要な場合も）
- 月々の費用　15万〜20万円くらい

＼高齢者向けの公的な賃貸住宅／

シルバーハウジング

どんな施設？

高齢者向けの、公的な賃貸住宅。バリアフリー化された住宅と、生活援助員による日常生活支援サービスが受けられる。

どんな人が入れるの？

- 60歳以上の単身者
- いずれかが60歳以上の夫婦

入居費の目安

- 入居一時金　敷金
- 月々の費用　1万〜10万円くらい（所得に応じて異なる）

＼軽費老人ホームのひとつ／

ケアハウス

どんな施設？

身寄りがない、経済的事情で家族と暮らせない高齢者が低額で入居できるのが軽費老人ホーム。介護保険外の老人福祉施設で、バリアフリーで、三度の食事や見守りつきをケアハウスと言います。

どんな人が入れるの？

- ケアハウスにより異なる
- 原則、低所得者で身寄りのない人

入居費の目安

- 入居一時金　0〜数百万円
- 月々の費用　6万〜20万円くらい（所得に応じて異なる）

2018年
介護保険は
何が変わる?

介護保険を育てる
～じわじわ増える費用の増大を見すごさない～

介護サービスの自己負担が増え、上限額も引き上げに

「介護保険という制度は、これから私たちの人生を支えるたいせつな制度です。だから、みんなで育てていくという意識を持つことが必要です」

そう話すのは、この本の監修者でもある服部万里子さんです。２０００年に介護保険法が誕生してから、法律は実情に合わせて変更され、２０１８年にも大きな改定が加えられています。

私たちが知っておくべきは、介護サービス利用料の自己負担額の増加です。２０００年に介護保険法が誕生してから15年間、利用料は1割負担でした。しかし、２０１５年から一定の収入のある人を２割負担にし、２０１８年には介護サービス利用料の3割負担が新設されたのです。利用料が2倍、３倍になったということです。

そして、月額の自己負担額の上限(高額介護サービス費)の引き上げです。２０１５年に現役並みの収入のある利用者の自己負担額の上限を、３万7２００円から4万４４００円に引き上げました。２０１７年8月からは、上限4万４４００円の対

象を拡大しています。

さらに、65歳未満の介護保険料も値上がりしています。2017年8月からは、第2号被保険者（会社員や公務員）の介護保険料が引き上げられました。

「介護保険料だけでなく、高齢者の医療費の自己負担割合も、高額療養費制度の上限額も収入によって引き上げられています。さまざまな形で国民の負担が増えているのは事実です」

介護業界は「大手」でなければ生き残れない？

ここ数年の改定によって、国の方針が「介護は国

主な改定点

「自己負担3割」の導入

介護サービスの自己負担額はすべての高齢者が1割負担で使えるものだったが、2015年の改定で一定以上の所得のある人が2割負担に。さらに2018年8月からは、年収340万円以上の所得の人は3割負担に変更された。上限額も2017年の改定で、多くの人が月額4万4400円に引き上げられた。

生活援助の回数制限

2018年4月より、ホームヘルパーによる生活援助の報酬単価が引き下げられた。さらに10月には、1カ月の中で一定以上生活援助を利用する場合（要介護1では月27回以上、要介護3では月43回以上目安）、ケアプランに必要性を記入のうえ、市区町村に届けることが義務づけられる。

福祉用具レンタル価格見直し

福祉用具の価格はレンタル業者が独自に決めるが、2018年10月からレンタル品ごとの全国平均価格を国が公表する。業者は価格帯の異なる商品を比較して紹介する必要がある。また、それぞれの商品に上限を設定し（全国平均より16％程度高い）それ以上の価格の商品は自費となる。

から地域へ」という姿が明らかになってきていると服部さんは言います。

「国はいま、いくつものサービスを地域密着型サービスに移管しています。『地域の特性に合わせる』という目的ですが、地域が必要ないと判断すればサービスそのものが消えてしまうこともありえます。なくなった分は地域のボランティアで対応しなさい、それが『地域資源』だというのは大きなまちがいです」

地域密着型サービスの中で、地域包括ケアの切り札として国が推奨しているのが「定期巡回・随時対応型訪問介護看護（⇒P.80）」や「小規模多機能型居宅介護、看護小規模多機能型居宅介護（複合型サービス）（⇒P.90）」です。いくつものサービスをパッケージで提供し、利用料は定額制です。

「このようなパッケージ型のサービスは、人も予算も場所も必要になります。小さな事業所には対応しきれません。結果として小さな事業所が減り、大手ばかりになってしまう可能性もあります。それが利用者の選択肢を狭める結果にもなるとすれば残念です」

介護の現場にいる利用者や家族だからこそできることはある、と服部さんは言います。

「法律といえども、人間が作っているものです。介護保険を今後、もっと使いやすく、わかりやすく、私たちの役に立つものにするためにも、私たち一人一人がしっかり問題点を理解し、現場の声をあげていく必要があります。インターネットで政府に『パブリックコメント』を送ることもできますし、市区町村議会に意見を出すのもひとつの方法です。新聞への投稿だっていいと思います。負担増をあきらめず、声をあげましょう」

第3章

倒れる前に、入院したら、
介護が始まったら……。
もめない＆損しない＆後悔しないための

お金の話

監修●黒田尚子

CFP®／1級ファイナンシャル・プランニング
技能士／消費生活専門相談員資格

倒れる前に 1

親のお金のこと知りたいけど聞きにくい……

親の医療や介護にかかるお金は、基本的に親が負担すべきもの。元気なうちに情報収集を。

親のタイプ別に聞き出し方を考えよう

子どもといえど、親のお金については聞きにくいもの。親としても「財産の話をして、アテにされるのも困るし、少なくてガッカリされるのもイヤ」というのが本音でしょう。しかし、子どもが親のお金の実情を知っておくことは「今後」のために必須です。そこで、親の気分をそこなわずに聞き出す方法を、親の性格別に考えてみました。ぜひトライしてみてください。

▼協調型…相手に合わせることを好む控えめタイプ
「○○さんもやってるみたいよ」「この本にもそう書いてあった」と他者を引き合いに出すと効果アリ。

▼社交型…明るく楽天的で、情に厚いタイプ
くどくど説明されるのを嫌う。「お母さんのことが心配だから教えてほしい」と直球で情に訴える。

▼分析型…論理的、冷静に判断するタイプ
「今後のことを相談したい」と持ちかけ、介護にどのくらい費用がかかるか、具体的な試算などを見せて説明。成功例よりトラブルになった例が響きやすい。

▼主導型…変化や革新を好み、自己主張するタイプ
何ごとも自分で決めたいタイプなので、「今後、介護問題が起きたらどうしたらいいか不安」と相談を持ちかける。選択肢を示し、親に選ばせるのもいい。

もし「直接聞くのは抵抗がある」というなら、エンディングノートに書いてもらうといいでしょう。金額を書くのをイヤがったら、銀行名と支店だけでも記入してもらいましょう。

親のお金で確認しておきたいこと

収入

□	年金の種類と年額（月額）、その入金先
□	年金以外の収入源があるか。ある場合は金額や入金先など

支出

□	住居関係（電気、ガス、水道、家賃など）の契約先、契約者、支払い方法
□	通信費（電話、携帯電話、ネットのプロバイダー）の契約先、契約者、支払い方法
□	新聞、テレビ（NHK、ケーブル）などの契約先、契約者、支払い方法
□	その他（スポーツクラブ、習いごと、定期購入の商品など）

資産

□	銀行、ゆうちょ銀行、証券会社などの金融機関名、支店名、残高など
□	生命保険の保険証券の確認（名義、会社、加入種別、受取人など）
□	損害保険の保険証券の確認（名義、会社、加入種別、受取人など）
□	自宅以外の不動産、ゴルフ会員権など
□	貸金庫やトランクルームなどの有無
□	クレジットカードの枚数と種類

負債

□	ローンの種類、残高、完済予定など
□	その他の負債など（知り合いへの借金など）

親への経済的な援助が必要な場合

多くの親がある程度の介護費用を準備しているが、介護が長引いて親の資産が尽きる場合も少なくない。その場合「負担はきょうだいが均等に」が原則。日常の世話にかかわれないからと多めに出す人がいると「お金を出しているから」と介護にノータッチになる可能性もある。

倒れる前に 2

兄弟姉妹の間で早めに決めておくことは？

きょうだいがもめる原因のひとつが介護。協力し合うためにホウレンソウを忘れずに。

情報共有をマメにして、現状を共有しよう

ひとりっ子の場合は、親の介護を一人で担うことになるので、精神的にも肉体的にもたいへん。とはいえ、「きょうだいがいると、期待してしまう分、アテがはずれるとダメージが大きい」ということも。きょうだいといえども独立し、家庭を持てば他人と同じ。非協力的なら「いないもの」と割り切りましょう。たとえ協力し合える関係であっても、温度差がありがちです。**一人の肩に負担がずっしり……とならないために**、きょうだい間でも**ホウレンソウ**（報告・連絡・相談）は欠かせません。

親が元気なうちに、倒れたときにだれが駆けつけるか、子どもたちが無理なら、近くの親戚のだれにどう頼むのか、などをきょうだい間で**具体的に話し合い**ましょう。介護が必要になった場合は在宅なのか、施設に入れるのか、そしてお金はどこから出すのかも忘れずに。

実際に介護が始まったら、自分がしたこと、使ったお金は、こまめな報告が必要です。おすすめは**SNS**です。グループを作って「○月○日は母の様子を見に行きます」「今日はこんな感じでした」などと書き込めば、手軽に情報を共有できます。親の日々の姿が届けば、離れて住むきょうだいにも、当事者意識を持ち続けてもらえます。親の資産などを教えてもらった場合も、忘れずに**情報共有**しましょう。ささいな額でも、**お金**についてはっきりさせておくことが、**きょうだい間の信頼関係を維持**するためには重要なのです。

きょうだいがもめないための事前準備

□	緊急のときのキーパーソンを決めておく	□ 最初に連絡をもらうのはだれにするのか □ 現地に駆けつけるのはだれにするのか □ 連絡はどのルートでどこまで回すか
□	要介護になったときに、どんな可能性が考えられるか相談	□ 自宅に住み続けられそうか □ だれかが引きとることが可能か □ 施設に入れる場合はどうするかなど
□	役割分担を話し合っておく	□「主たる介護者」になれそうなのはだれか □ キーパーソンの役割と、それ以外の分担すべき内容（情報収集、金銭管理、親の精神的サポート、経済的な支援など、具体的に）
□	親の家計の現状を兄弟姉妹で共有しておく	
□	介護にかかるお金は、どこからどのように出すのかを確認	
□	介護の担い手が一人に集中したときの経費とお返しの方法	
□	各自が、配偶者や子どもに介護についての意思確認をする	□ 同居は可能か、近居は可能か □ 配偶者や子どもには、どんな役割を担ってもらえるのか

介護家計ノート作成のススメ

介護に使うお金は原則として親のお金。実際に介護を担う人が通帳などを預かることが多いので、ときには別のきょうだいに「かってに使った」と思われることもあります。少額でもきちんと控えを残しておくことで、不要なトラブルを防ぐことになります。

日付	項目	金額	レシート
2018.6.11	下着類	3680	①
2018.6.18	交通費（タクシー）	1210	②
	○○駅⇔○○病院	1290	③
2018.618	病院支払い	2880	④

レシート ① 下着

レシート ② タクシー

レシート ③ タクシー

レシート ④ 病院

倒れる前に 3

遠くに住む親をだれがどうやって見守ればいい？

独居の高齢者が増えるなか、「見守り」はだれにも共通の悩みになっています。

公的、民間、ご近所。見守りの目を複数キープ

子どもがだれひとりとして、親の近くに住んでいないため「独居の親が心配」という声は多いものです。その場合、まず頼るのは**親が住む地域の地域包括支援センター**です。センターに電話をして**資料を送ってもらう**か、**帰省したときに顔を出し**、どんな**地域資源**（⇒P.94）があるかを教えてもらいましょう。**市区町村などがおこなう**見守りサービスや緊急通報サービスをどの程度活用できるか確認し、必要があれば依頼しましょう。

ご近所や親戚にも、菓子折りなどを持ってあいさつに行き、「何かあれば教えてください」と自分の連絡先を渡しましょう。親の友人やおじ・おばだけでなく、その**下の世代**（いとこや、お嫁さん、地元にいる同級生など）とも連絡先を交換しておくようにしましょう。現役世代は、いざとなったときの稼働力が違います。

しかし人の「善意」だけに頼ると、何かあったときに後悔が残るもの。**民間**の見守りサービス（左表）も利用するなど、多方面から手を打ちたいものです。

介護が始まっても、第2章で紹介しているさまざまなサービスを駆使すれば、**遠距離介護**は可能です。

定期的に帰る場合には航空会社の介護割引（左表）や、格安航空券、JR各社の「ジパング倶楽部」や新幹線回数券などの割引サービスを利用しましょう。それでも、頻繁に帰省すると多額の費用がかかります。それよりも、**こまめに電話**をして親の話し相手になったり様子を尋ねたりするほうが喜ばれるかもしれません。

高齢者の見守り・緊急サービス（民間の例）

企業名・サービス名	内容	費用
NTTドコモ つながりほっと サポート	あらかじめ設定することで、らくらくスマホなどを持つ親の体調や利用状況を自動的に知らせてくれる。	無料
東京ガス くらし見守り サービス	ガスの消し忘れを知らせる自動通報や1日ガスが使われなかった場合にメールで知らせてくれる。オプションで救急サポートの追加も可能。	・500円／月（税込） オプションの救急サポートは別途料金
象印マホービン みまもりほっと ライン「i-pot」	無線機器を内蔵したポットを使用すると、1日2回、契約している家族のもとにメールで使用状況の連絡がいく。	・契約料（初回のみ） 5,000円（税別） ・利用料金3,000円／月（税別）
LIBERO 「ifまもる」君 一人暮らし高齢者安否確認通報システム	一人暮らし高齢者の居間にセンサーを設置、人の動きを検知すると1時間ごとに家族の携帯電話に安否確認メール。電話回線や、WiFiなどのネット環境がなくても利用可能。	【レンタル方式】 3,300円／月（税別） 【買い取り方式】 1台60,000円＋ 1,000円／月（税別）
Panasonic スマ@ホーム システム	親がふだん過ごす部屋に温度センサー内蔵の室内カメラを設置すると、スマホで室温の変化が確認できる。カメラで室内の様子が確認でき、マイクで呼びかけも可能。	屋内カメラキット オープン価格 （参考価格28,080円／税込）

航空会社の介護割引の例

航空会社名	内容	割引率
JAL	介護帰省割引情報を登録ずみのJALカード（またはJALマイレージバンクカード）が必要。	36％程度
ANA	介護割引情報を登録したANAマイレージクラブカードが必要。	36％程度
スターフライヤー	航空券購入時と搭乗手続き時に「介護割引パス」の提示が必要。要介護者、要支援者本人も利用できる。	36～43％程度
ソラシドエア	航空券購入時と搭乗手続き時に「介護割引パス」の提示が必要。要介護、要支援認定者も利用できる。	30～38％程度

●対象者：要介護・要支援認定者の二親等以内の親族、配偶者の兄弟姉妹の配偶者、子の配偶者の父母
●対象路線：介護する人と、介護を必要とする人の居住地の最寄空港を結ぶ一路線
※この情報は2018年8月現在のものです。

入院したら 4

親の入院にかかる費用っていくらくらい？

入院で一時的に多額のお金が必要になることも。すぐ引き出せるお金を準備したい。

高額療養費制度を使えば一定額以内に

入院すると、まず**5万～10万円の保証金**が必要になります。退院時に精算されるものですが、保証金の支払いにクレジットカードが使えない病院もあり、現金の準備が必要です。

病気の治療費や入院費そのものは、病気の種類や程度が同じであれば、全国どこの病院でも共通です。「神の手」と呼ばれる超有名医師でも手術代はいっしょ。さらに健康保険制度がありますから、**自己負担は1割から3割**（親の年齢と、その所得で変わる）です。

たとえば脳梗塞で緊急入院した場合、1日の治療費はだいたい2万～3万円。間をとって2万5000円とすると、1カ月で75万円。1割負担なら7万5000円。さらに**高額療養費制度**によって、所得に応じた自己負担限度額が定められているため、自己負担額は月額5万7600円（一般的な所得の場合・左ページ参照）。さらに食事代の一部負担金30日分で4万1400円。合計、月額約10万円弱の計算に。

ここで注意したいのは差額ベッド代。4～2人部屋や個室を希望すれば、1日数千円から数万円が差額ベッド代としてかかります。大部屋でよいのに個室をすすめられたら、断っても問題ありません。また「部屋に空きがない」「医療上、個室でのケアが必要」という場合は、病院都合なので患者が負担する必要はありません。**患者が支払う場合には同意書へのサインが必要**なので、同意もサインもない場合、支払い義務はありません。

入院時にかかる費用の費目は？

医療費の自己負担額	健康保険で1～3割負担ですむ。一定限度額を超えれば「高額療養費制度」が使える。
食事代の一部負担金（1日3食）	全国一律で、自己負担額は1食460円（2018年4月以降、住民税非課税の場合は210円）。
差額ベッド代	希望して個室などに入った場合に支払いが必要。料金は病院によって千差万別。
おむつ代、パジャマ代など	病院で用意してもらった場合には規定の料金を支払う。

70歳以上の高額療養費の自己負担限度額（1カ月あたり）

※2018年8月以降

適用区分		外来（個人ごと）	ひと月の上限額（世帯ごと）
現役並み	年収約1160万円～	252,600円＋（医療費－842,000）×1% ＜多数回140,100円　※1＞	
現役並み	年収約770万～約1160万円	167,400円＋（医療費－558,000）×1% ＜多数回93,000円　※1＞	
現役並み	年収約370万～約770万円	80,100円＋（医療費－267,000）×1% ＜多数回44,400円　※1＞	
一般	年収約156万～約370万円	18,000円	57,600円 ＜多数回44,400円　※1＞
低所得者	住民税非課税Ⅱ（※2）	8,000円	24,600円
低所得者	住民税非課税Ⅰ（※3）	8,000円	15,000円

※1　過去12カ月以内に3回以上、上限額に達した場合は、4回目から「多数回」該当となり、上限額が下がります。
※2　同一世帯の全員が住民税非課税世帯
※3　同一世帯全員が住民税非課税世帯で、各所得が0円かつ公的年金収入額が80万円以下

高額療養費制度の申請のしかたは？

70歳未満であれば、最初に入院費などを全額支払い、3カ月後くらいに上限を超えた分の払い戻しを受けます（事前に「限度額適用認定証」を「公的医療保険の窓口」に申請すれば、窓口での支払いが自己負担額までですむ）。70歳以上であれば、健康保険証と高齢受給者証を示すだけで自己負担分のみの支払いになります（低所得者区分の場合には、市区町村の認定証が必要）。ただし、2018年8月以降は、現役並み所得者の一部で認定証の申請が必要に。

入院したら 5

親の医療保険を請求したい

親が医療保険やがん保険などに入っているかは、元気なうちに確認しておきましょう。

子どもが代理で請求することもできます

親のお金の事情をリサーチするときに、忘れてはいけないのが**民間保険への加入の有無**です。「入っていたかどうか忘れちゃった」というケースもありえるので、銀行口座の引き落としなどを確認し、加入しているようなら保険証券をさがしておきましょう。

医療保険（がんと診断された場合はがん保険も）に加入しているなら、親が入院後、なるべく早めに保険会社や代理店に電話をして、書類を送ってもらいます。インターネットで請求できる場合もあります。

医療保険の場合、入院日数や手術の有無で給付額が違ってきます。**入院初日から給付**される場合もありますが、なかには「**入院して5日目から**」などもあるので、短期間の入院の場合は**注意が必要**です。

保険の請求は、あくまで被保険者（親本人）がおこなうものです。入院中とはいえ、本人の意識がしっかりしていれば、書類などは自分で書いてもらいましょう。しかし、たとえば認知症が進んでいて手続きができない、がん末期なのだが本人には告知していないなどの場合は、「指定代理人」が保険金の請求ができる場合があります。商品によって違いますので、**保険会社に相談**しましょう。

なお、退院してずいぶんたってから「そういえば保険に入っていた」と気づくこともあるでしょう。その場合、原則として**保険請求できるのは3年まで**。早めに請求したいものです。

医療保険金の請求方法

確認

まずは親の保険証券などをチェック

指定代理人特約がついている商品であれば、だれが指定代理人になっているかも確認します。

↓

連絡・依頼

保険会社に連絡して書類を送ってもらう

保険会社に連絡をして申告書類を送ってもらいます。必要があれば指定代理人が申告できるかも聞きましょう。

↓ 書類が届く

必要書類準備

医師に診断書を作成してもらう

必要な書類をそろえます。医師の診断書は必ず必要なので作成を依頼しますが、1通5000～1万円ほどかかります。

↓ 書類を送付

審査

保険会社が支払いの審査をする

書類がそろったら保険会社に送付。保険会社での審査が通ればすぐに指定口座に入金されます。

↓

給付

指定口座に保険金・給付金が入金

指定代理人が認められていれば、代理人の口座に振り込んでもらうことも可能です。

指定代理請求ができるのは？

- 病気やケガなどが原因で、被保険者が意思表示できない場合や、被保険者が病名の告知を受けていないなどで請求できない場合
- 被保険者の戸籍上の配偶者や、三親等内の親族が請求できる（商品などで異なる）

入院したら 6

医療費控除でおさめた税金が戻ってくるの？

親が源泉徴収されていなければ戻ってきませんが、子どもの確定申告に含められることも。

「生計を一にする親族」なら子どもが申告可能

1年間（1月1日から12月31日）にかかった医療費が、世帯合計で10万円（収入が200万円未満の場合は収入の5％）を超えると、超過分が医療費控除の対象になります。確定申告すれば、おさめた所得税の一部が戻ってきます。上限は200万円までです。

問題は、親世帯でどれだけ所得税を払っているかということです。親の収入が一定額未満であれば、そもそも源泉徴収はされていません。どれだけ医療費がかかっていても、還付されるべき税金を払っていなければ戻ることもない、ということです。

ただし、**医療費控除は「世帯合計」ができる**ものなので、子どもが親と「生計を一にしている」のであれば、子どもが親の分の医療費も自分の控除に含めることができます。税法上の「**生計を一にする**」とは、必ずしも**同居が条件ではありません**。別居していても、生活費や療養費を常に送金している場合は認められます。親が施設に入所している場合でも、療養費を子どもが負担していれば認められます。

医療費だけでなく、**介護保険**の訪問看護や訪問リハビリテーションなどの**医療系のサービスの自己負担分も、医療費控除の対象**になります。また、療養上必要で家政婦を自費で雇った場合の費用なども認められます。**介護費用の領収書には、医療費控除の対象になる金額が記入されています**ので、必ず確認し、医療費とともに確定申告をしましょう。

医療費控除の対象になるもの、ならないもの

	◎対象になる	×対象にならない
治療・療養	●医師や歯科医師に支払った診療や治療代（代替療法や漢方治療なども、医師がおこなった場合には認められる） ●治療のためのマッサージ、あんま、指圧などの費用 ●保健師、看護師などによる療養費 ●治療に必要な医療用具の費用	●診断書の作成費用 ●予防接種の費用 ●医師の処方にもとづかない代替療法 ●美容のための歯科矯正 ●病気予防目的の外来
医薬品	●医師の処方により、薬局で購入した医薬品 ●病気やケガの治療のために購入した医薬品 ●医師の指示によるビタミン剤や漢方薬	●疲労回復、健康増進のためのビタミン剤など
入院・通院	●入院や通院のための交通費 ●電車やバスなどでの移動ができない場合のタクシー代	●つきそいの人の交通費 ●ガソリン代や駐車場代 ●自己都合による差額ベッド代 ●入院時の寝具や洗面具の費用 ●テレビや冷蔵庫の費用
その他	●大人のおむつ（6カ月以上寝たきりで、医師が発行した証明書がある場合）	●通常のメガネやコンタクトレンズの購入費 ●補聴器の購入費

介護保険の中で医療費控除になるもの（例）

- 介護サービスのうち医療系サービス（訪問看護、訪問リハ、居宅療養管理指導、通所リハ、医療系施設への短期入所など。介護予防サービスも含む）
- 上のような医療系サービスとあわせて利用した福祉系サービス（生活援助以外の訪問介護など）
- 介護老人福祉施設（特養）に入居している場合、施設に支払ったサービス料（介護費、食費、居住費）の2分の1
- 介護老人保健施設（老健）や介護医療院に入居している場合、施設に支払ったサービス料（介護費、食費、居住費）の全額
- デイケアや老健に通うためにかかった交通費。やむをえずタクシーを利用した場合は領収書が必要（ガソリン代などは対象外）

介護が始まったら

7 親の在宅介護にどのくらいお金はかかりますか？

ほんとうのところ、どのくらいかかるかではなく、どのくらいまでかけられるか、なのです。

介護度が上がるにつれて費用がかかります

「介護ってどのくらいお金がかかるんですか？」という質問に、**正解は存在しません**。かけようと思えば無限にかけられますし、介護保険さえ使わず、家族のマンパワーで補うなら費用そのものはかなり安くつくでしょう。在宅介護と施設入居でも金額は違いますし、どんな施設に入るかでも違います。

平均的な額を知るなら、左のアンケート結果が参考になるでしょう。介護度別に見ると、**要介護度が上がるにつれて、かかる費用も増えている**ことがわかります。平均すれば1カ月約5万円。ただし、この調査では高額な介護費を使った人も含まれているため、平均値が高くなっているようです。中央値（平均するのではなく、順番に並べてまん中にきた数値をとる）で見ると、3万3000円程度。ざっくり考えると、3万～5万円くらいかけている人が多いようです。

認知症があると、費用が増えることもあります。重度の認知症であっても、体が動くと要介護度が低くなることがあり、介護サービスの利用限度額が低く設定されてしまうのです。「認知症の親が道に迷って帰ってこられなくなり、タクシーでさがし回ることが多くてお金がかかった」という人もいます。

実際の介護にかかる費用のほかにも、「介護で疲れて、家族の食事をお惣菜に頼るようになった」「トイレの失敗が多く、洋服やパジャマの買いかえが多い」など、見えにくい負担もあるものです。

1カ月の在宅介護にかかる費用は？

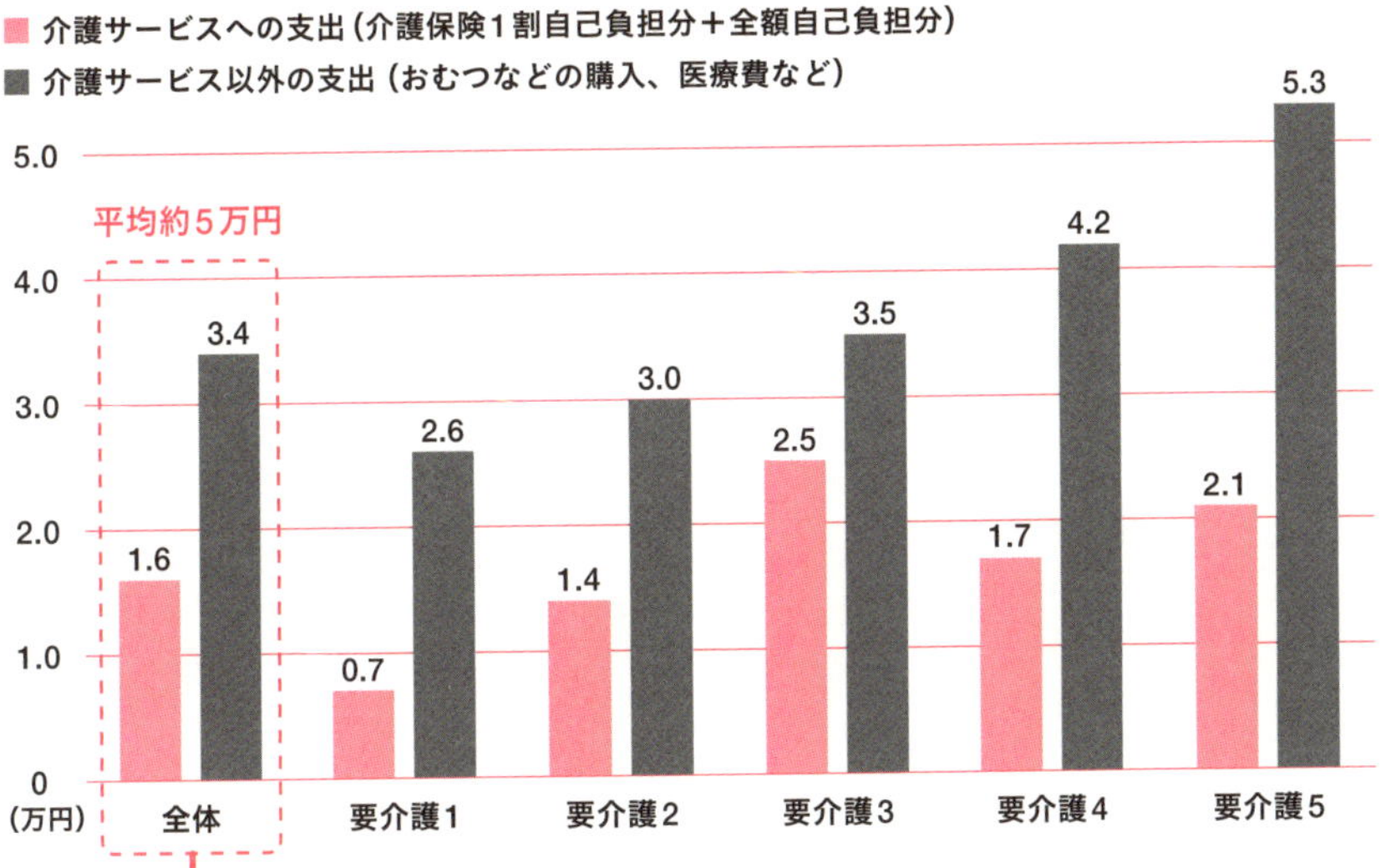

平均約5万円の内訳は？

介護サービスのための支出		それ以外の支出			
介護保険自己負担分 10,296円	全額自己負担分5,446円	介護用品 12,471円	医療費 5,878円	税・社会保険費 10,054円	その他 5,846円

多くの家庭は限度額以内

介護サービスの全額自己負担分は5500円程度だが、これは「平均値」だから。実際には介護保険の限度額内しか使っていない家庭が多く、少数の人が高額の自費サービスを利用している。

おむつや介護食が負担に

介護用品としては、紙おむつ代や介護食代に費用がかかる。ただし、自治体のおむつ代の助成を受けている場合もあり、実際にはこれよりも多少金額を抑えられている家庭が多い。

出典：公益財団法人 家計経済研究所「在宅介護のお金と負担」（2016年6月）

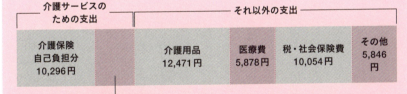

介護が始まったら 8

1割負担のほかに自己負担分が必要になる？

介護保険のサービスを受けると、「思ったより多く請求されてる！」と感じることがあります。

デイサービスの昼食代は1割負担にならない

介護保険のサービスなら、かかるお金はすべて1割負担でいいような気がします。ところが、請求書を見て「あれ？」と思うことは多いものです。

たとえばデイサービスで出される昼食やおやつ、日用品などは、**別途「実費」**を支払います。施設によってはレクリエーション代などが別に加算されることも。

ショートステイを利用した場合は「居住費」が日割りでかかります。金額は多床室か個室かユニット型個室かで違います。ユニット型個室を5日間利用すれば、居住費は約1万円ほどかかります。

単位計算だから居住地で自己負担額は変わる

さらに言えば、**住んでいる地域でもサービスの値段は違い**ます。少しむずかしい話になりますが、介護事業所がサービスを提供した場合、その報酬は「単位」で決まります。たとえば25分間身体介護をすれば248単位で、これは全国共通です。1単位は10円を基準に計算するので、2480円。1割負担なら248円です。

しかし、居住地によって人件費は違うため、**全国を1級地から7級地と「その他」に区分して、**0～20％の範囲で割り増ししているのです。東京23区は1級地なので「20％割り増し」になり、前出の身体介護は297 6円に。このように、介護保険料のしくみは非常に複雑。不明な点はケアマネに遠慮なく質問しましょう。

利用するサービスで自己負担額は変わる

居宅サービスを利用する場合

訪問介護	▶	サービス費用の1〜3割負担

通所サービスを利用する場合

				実費		
デイサービス、デイケア	▶	サービス費用の1〜3割負担	＋	食費	＋	日常生活費
				デイサービスのランチなど。		シャンプーやせっけん、おしぼりなど。

				実費				
ショートステイ	▶	サービス費用の1〜3割負担	＋	食費	＋	日常生活費	＋	居住費
								宿泊した分の室料。

施設サービスを利用した場合

				実費				
介護老人福祉施設	▶	サービス費用の1〜3割負担	＋	食費	＋	日常生活費	＋	居住費

所得が低い場合には食費や居住費が軽減

介護保険施設に入居するとき、所得や資産が一定以下の人は食費や居住費の負担限度額が設定され、その金額を超えた分は介護保険から支給されます。ただし、預貯金の合計が一定額（単身で1000万円、夫婦で2000万円）以上ある場合は認められません。

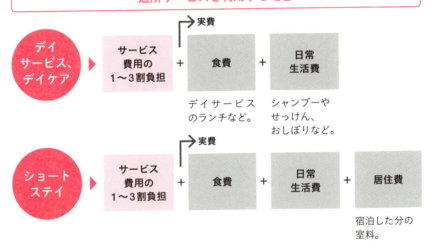

介護が始まったら

9

介護サービスの利用金額には上限はあるの？

1～3割の負担で使えるサービスには限りがあり、それ以上は全額自己負担です。

要介護度によって利用限度額が違います

在宅で**1カ月に利用できる介護サービスには限度があります**（左表）。「限度額」までは1～3割で使えますが、それを**超えると全額自己負担**です。

最も利用限度額が高いのは要介護度5で、約36万円です。この金額でどんなサービスが受けられるかというと、たとえば、①週5回の訪問介護、②週2回の訪問看護、③週1回のデイサービス、④毎日2回の巡回訪問介護、⑤月に1回1週間程度のショートステイ、⑥介護ベッドなどの福祉用具貸与、といったぐあいです。

しかし現実には、「これだけで要介護5の在宅介護は十分」ということはありません。「上乗せ」と「横出し」をしながら乗り切っている人は多いものです。

介護保険のサービスを、**限度額を超えて使うこと**を「上乗せサービス」と言います。ショートステイを1週間から10日にしたり、週5回の訪問介護を7回に増やしたり。一方の「横出しサービス」は、**介護保険に含まれていないサービスを利用すること**です。家政婦を雇って24時間つきそってもらったり、配食サービスを利用したり。……気がつくと、「お金がどんどん消えていく！」という結果になります。

ここで重要なことは、**情報を集める**ことです。自治体によっては「横出し」的なサービスを無料あるいは割安に提供していたり、「上乗せ」を自治体の裁量でOKしたりしているケースもあります。**知らないと損することが多いのが、介護の世界なのです。**

在宅系サービスの利用限度額と自己負担額の目安

	1カ月あたりの利用限度額	全額使った場合の自己負担額		
		1割負担の場合	2割負担の場合	3割負担の場合
要支援1	50,030円	5,003円	10,006円	15,009円
要支援2	104,730円	10,473円	20,946円	31,419円
要介護1	166,920円	16,692円	33,384円	50,076円
要介護2	196,160円	19,616円	39,232円	58,848円
要介護3	269,310円	26,931円	53,862円	80,793円
要介護4	308,060円	30,806円	61,612円	92,418円
要介護5	360,650円	36,065円	72,130円	108,195円

※利用限度額は、介護報酬1単位を10円で換算。居住している地域によって金額が異なる。

介護保険でカバーできない場合は「上乗せ」「横出し」

上乗せサービス

全額自己負担

介護保険の所定の回数を超えたり、利用時間を延長して受けたりした場合、自己負担で利用するサービス。

介護保険でカバーできない分。自治体が独自の判断で給付することも

介護保険からの給付

一部自己負担（1～3割）

横出しサービス

介護保険外で全額自己負担

「移送サービス（介護タクシー）」や「配食サービス」など、介護保険サービスにはないメニューを利用。

介護が始まったら 10

自己負担分を軽減してくれる制度はある？

医療における「高額療養費制度」と同様に、介護にも「高額介護サービス費」があります。

在宅系サービスには負担額の上限があります

介護サービスの自己負担が1割だとしても、要介護5の人が限度額いっぱいまで使うと月額約3万6000円になります。要介護1でも、自己負担3割であれば月額約5万円。これを毎月払い続けるのは厳しいもの。

そんなときに使いたいのは「**高額介護サービス費制度**」です。訪問系サービスや通所系サービスを利用して、**1カ月間に支払った**負担額が上限額（左上表）を超えると、**上限額を超えた分が支給**されます。「高額療養費制度」（⇒P.115）の介護版と言え、世帯合算もできます。ただし、施設への入所やショートステイ、施設での食費、居住費、日常生活費、住宅改修費、福祉用具購入費は対象となりません。

高額療養費と違い、先に全額支払ってから給付されるしくみです。自治体によっては、支払いが困難な人に無利子で資金を貸し付ける「**高額介護サービス費貸付制度**」を設けています。

「介護だけでなく、医療費もかかった！」という場合なら、**両方の自己負担分を合算した高額医療・高額介護合算療養費制度**を利用できます。対象になるのは毎年8月1日から翌年7月31日までの1年間に、自己負担した医療保険と介護保険の合計額。「高額療養費制度」と「高額介護サービス費」で払い戻してもなお、自己負担分が合算制度の上限を超える場合には、超過分を払い戻してもらえます。制度の条件が複雑なので、市区町村の介護保険課窓口で相談しましょう。

高額介護サービス費　自己負担の1カ月の「上限額」は？

1カ月の限度額を超えた場合、申請すれば市区町村から差額が支給される。

所得区分	1カ月の自己負担限度額
現役並み所得者に相当する人がいる世帯（※1）	世帯で44,400円
一般（世帯内に住民税の課税を受けている人がいる）	世帯で44,400円（※2）
住民税非課税者	世帯で24,600円
住民税非課税のうち、 ●老齢福祉年金を受給している人 ●前年の合計所得金額と公的年金等収入額の合計額が年間80万円以下の人等	個人で15,000円 世帯で24,600円（※3）
生活保護を受給している人	個人で15,000円

高額医療・高額介護合算療養費 自己負担の1年間の上限は？（70歳以上）

所得区分	1年間の自己負担限度額
現役並み所得者 年収約1160万円以上	212万円
現役並み所得者 年収約770万～約1160万円	141万円
現役並み所得者 年収約370万～約770万円	67万円
一般（年収約156万～約370万円）	56万円
住民税非課税世帯＜区分2＞（※4）	31万円
住民税非課税世帯＜区分1＞（※5）	19万円

※1　課税所得が145万円以上
※2　同じ世帯のすべての65歳以上の人（サービスを利用していない人を含む）の利用者負担割合が1割の世帯には、年間上限額（446,400円）を設定する。
※3　世帯内の介護サービス利用者が1人の場合＝個人で15,000円。世帯内で介護サービス利用者が複数いる場合＝世帯で24,600円。
※4　同一世帯の全員が住民税非課税世帯
※5　同一世帯全員が住民税非課税世帯で、各所得が0円かつ公的年金収入額が80万円以下

介護が始まったら 11

身体障害者や難病の認定は受けられる?

介護保険を利用しながら、障害者への支援制度を受けることも可能です。

身体障害者手帳がなくても税の控除は可能

注意してほしいのは、介護保険の要介護認定を受けたからといって、身体障害者と認定されたわけではないということです。障害者へのサービスは別にあり、受けられる基準も別にあります。

所定の申請をして**身体障害者と認定されれば**、身体障害者手帳が交付されます。受けられるサービスは、**税の減免、医療費の補助、公共料金の割引、タクシーなどの利用の補助など**さまざまです。「脳梗塞で寝たきりになった」という場合でも、認められることもあります。認知症などでも精神障害者と認定されれば、精神障害者保健福祉手帳が交付されます。**市区町村の障害福祉課で申請**しましょう。

手帳の交付を受けられなくても、障害者控除対象者と認められれば税制上の優遇が受けられます。**基準は市区町村で違います**が、要支援・要介護と認定されていれば認められることも多いようです。こちらも市区町村が窓口です。また、寝たきりになるなど介護度が重い場合は、特別障害者手当を受給できる可能性があります。

いわゆる難病が原因で介護が必要になっている場合には、「特定医療費受給者証」を交付してもらえる可能性があります。国や都道府県が医療費の全部または一部を助成してくれるのです。厚生労働省が指定している障害者総合支援法対象疾病は359(2018年4月現在)ありますので、調べてみるといいでしょう。

障害者控除対象者にあたる場合（例）

	認定内容	認定基準
特別障害者控除	知的障害者（重度）に準ずる者	65歳以上で、要介護3以上に認定されており、かつ介護保険の認定調査票記載の「認知症高齢者の日常生活自立度」が3以上。
	身体障害者（1級、2級）に準ずる者	65歳以上で、要介護3以上に認定されており、かつ介護保険の認定調査票記載の「障害高齢者の日常生活自立度」がB以上。
障害者控除	知的障害者（軽度、中度）に準ずる者	65歳以上で要支援・要介護に認定、かつ介護保険の認定調査票記載の「認知症高齢者の日常生活自立度」が2以上の者。ただし特別障害者に準ずる者を除く。
	身体障害者（3級～6級）に準ずる者	65歳以上で要支援・要介護に認定、かつ介護保険の認定調査票記載の「障害高齢者の日常生活自立度」がA以上の者。ただし特別障害者に準ずる者を除く。

※「障害高齢者／認知症高齢者の日常生活自立度」の区分については、市区町村の社会福祉課などに問い合わせてください。

身体障害者手帳、愛の手帳（精神障害者保健福祉手帳）で受けられるサービス（例）

- 公共料金の割引、NHK受信料の減免、所得税・住民税などの控除
- バスやタクシーなどの割引、携帯電話料金の割引

特別障害者手当がもらえるのは？

支給要件	精神または身体に著しく重度の障害を有するため、日常生活において常時特別の介護を必要とする状態にある在宅の20歳以上の人。おおむね身体障害者手帳1、2級程度、もしくは愛の手帳（名称は全国共通ではない）1、2度程度の障害が重複している状態、またはこれらと同等の疾病・精神障害がある状態。
対象外	●施設に入居している人、病院に3カ月以上入院している人 ●所得制限あり
支給月額	26,940円

介護が始まったら

12 親を扶養したり世帯を分けたりするとトク？

親と同居していても世帯を分けたり、離れて住んでいても扶養したりできます。

世帯分離することでサービスの上限に差が

まずは世帯分離について考えましょう。世帯分離とは、**住民票に登録されているひとつの世帯を2つに分けること**を言います。同じ住所の同じ家の中に、世帯主が2人いるということです。

なぜそれで得するのかというと、高額介護サービス費の上限が変わってくるからです。自己負担の上限は、所得に応じて分かれていますが（⇒P.127）、それは利用者本人だけでなく、同居の家族の収入も含めた世帯全体の所得なのです。左の図のように、年収500万円の息子と同一世帯だと自己負担額の上限は4万4400円ですが、世帯を分けると収入は親の年金だけなので、上限は1万5000円に下がります。

施設に入居する場合も、世帯年収が低いと「特定入所者介護サービス費」がつき、**食費や居住費の負担額が軽減**されます。医療費の面でも、高額療養費の上限が下がるのでメリットがあります。

世帯分離をする場合には、市区町村の住民課などに「世帯変更届」「住民異動届」などを提出しましょう。

逆に、親を子どもの扶養に入れることで生じるメリットもあります。税制上で扶養に入れれば医療費控除（⇒P.118）のほか、**扶養控除**が受けられるために税金が安くなります。公的医療保険で扶養に入ると、会社員の場合には**親が保険料を払わずにすみます**。ただしこれは75歳未満の親です。**75歳以上は**後期高齢者医療保険に加入するので**対象となりません**。

世帯分離をした場合・しない場合

母親
年金のみ

息子
サラリーマン

年収78万円

年収500万円

世帯分離すると

収入は母親のみ
▼
住民税非課税

高額介護
サービス費の上限
15,000円

自己負担額
15,000円

世帯が同じだと

収入は息子と合算
▼
住民税課税

高額介護
サービス費の上限
44,400円

自己負担額
35,000円

35万円分の
介護サービスを
受けたら

親を扶養するメリットは？

- 親にかかった医療費などを自分の医療費控除に合算できる
- 生計がひとつとみなされ扶養控除を受けられる
- 親の健康保険料を負担していれば、社会保険料控除を受けられる

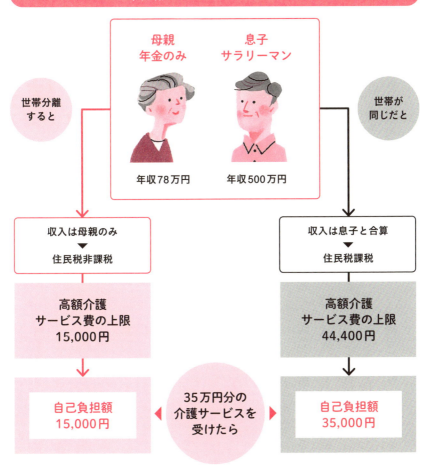

13 介護が始まったら

認知症の親のお金はどう管理する？

たとえ親子といえども、親の印鑑と通帳を使ってお金を引き出すことはできないのです。

判断能力の程度で使える制度が違います

認知症や病気で判断力が衰えたり、出歩けなくなると「入院費を支払いたいのに、親の定期預金を引き出せない」「キャッシュカードの暗証番号を親が忘れてしまった」などの問題が発生しがちです。

そんなときに役立つのが「成年後見制度」です。判断力の衰えた人に変わって「後見人」が財産の管理や生活支援をします。本人に**判断力があるときに**契約する「**任意後見制度**」と、**判断力がなくなってから**家庭裁判所が後見人を選ぶ「**法定後見制度**」があり、いずれも家庭裁判所に申し立てをします。

もうひとつの支援方法として「**日常生活自立支援事業**」があります。これは判断能力が衰え始めた人が、地域の社会福祉協議会に申し込んで契約を交わし、「生活支援員」のサポートを受ける制度。福祉サービスの利用の手続きや、生活費の管理、重要書類の預かりなどをしてくれます（利用料は1時間１０００円程度）。

判断能力はあるが、体が衰えて外出がままならない場合に利用したいのは、「**財産管理等委任契約**」です。自分の財産の管理や生活上の事務を委任する相手を決めて、契約を交わします。その後、本人の判断能力が減退しても契約は継続でき、死後の財産管理を委任することも可能。ただし、成年後見制度と違い、委任された人が公正に財産管理をしているか、をチェックする機能はありません。契約書を交わすときは、のちの争いを防ぐために公正証書での作成をおすすめします。

本人の判断能力に合わせた支援を

判断能力あり → 判断能力に不安 → 判断能力に欠ける → 死亡

日常生活自立支援事業

社会福祉協議会に申し込むと「生活支援員」が本人にかわって介護保険サービスの申請や、通帳などの管理をしてくれる。

財産管理等委任契約

財産管理（預貯金の引き出し、税金や光熱費の支払いなど）や療養看護（生活上の手続きや、近況確認）の代理権を与える人を選び、管理内容を決めて委任する契約を交わす。

↓

成年後見制度

任意後見

判断力がある段階で任意後見人を自分で選び、財産管理や療養看護についての代理権を与える契約を交わす。判断力が衰えた時点で家庭裁判所に申し立て、後見人となってもらう。

法定後見

判断能力に欠ける状態になって、自分で後見人を選ぶことができなくなったときに、家族などが家庭裁判所に申し立てて後見人を選任してもらう。

↓

死後事務委任契約

第三者に対して、亡くなったあとの手続きや葬儀、納骨、埋葬に関する事務手続きなどの事務処理を委任する契約を交わす。

Q 財産管理等委任契約と任意後見制度、どっちを選ぶ？

A 判断能力があれば、両方契約すると安心です

任意後見制度は、本人にまだ判断力があるときに任意後見人になってもらう契約（任意後見契約）を結びますが、実際に財産管理などをしてもらうのは、本人が判断力を失ってから。財産管理等委任契約を交わせば、判断能力があるときから手続きの代行などを依頼できます。ただし、チェック機能が弱いのが難点。本人に判断力がある段階で、財産管理等委任契約と任意後見契約、そして死後事務委任契約をセットで結んでおくと安心です。

介護が始まったら

14

介護離職はしてはダメ！

介護を担うのは、働き盛り世代でもあります。仕事と介護の両立を目ざしましょう。

介護休業や介護休暇は労働者の権利です

親の介護に時間をとられたり、遠距離介護を続けたりするなかで「仕事を辞めようか」と思うこともあるかもしれません。厚生労働省の調査によると、２０１１～２０１２年の１年間に介護や看護を理由に離職した人は、約10万人。その割合は女性が８割ですが、介護を担う男性の割合も年々増えてきていることから、**介護離職は男女関係なく切実な問題**となっています。

しかし、介護離職することは子ども世代にとってけっしてよいことではありません。**収入がとだえ、退職金も減り、年金も減る。**早まってはいけません！

介護と仕事の両立がむずかしい場合は、**介護休業制度**を利用することができます。勤続１年以上であれば、**パートやアルバイトであっても利用**することができるのです。**法律で定められたもの**なので、会社の就業規則に書かれていなくても使えます。企業によっては、法定期間の取得日数（最長93日）を超えて、１年間や２年間の取得を認めているところもあります。まずは上司や人事担当者に相談してみましょう。

しかし、制度を利用する人はとても少ないのが実情です。実際に介護休業を取得している人は、介護をしている雇用者の中で３・２％という調査結果もあります（２０１２年度）。制度を知らない、知っていても使いにくいので有給休暇などを使っている場合も多いようです。制度を上手に活用することが、離職を防ぐ第一歩ではないでしょうか。

仕事と介護の両立のための公的支援制度

介護休業	申し出ることにより、要介護状態にある対象家族1人につき通算 93日まで、3回を上限として、介護休業を取得することができる。
介護休暇	要介護状態にある対象家族が1人であれば年に5日まで、2人以上であれば 年に10 日まで、1日単位または半日単位で取得できる。
所定労働時間の短縮等の措置	事業主は、①短時間勤務制度(短日勤務、隔日勤務なども含む)、②フレックスタイム制度、③時差出勤制度、④介護サービスの費用助成のいずれかについて、介護休業とは別に利用可能な措置を講じなければならない(要介護状態にある対象家族1人につき、利用開始から3年以上の期間で2回以上)。
所定外労働の制限	1回の請求につき1カ月以上1年以内の期間で、所定外労働の制限を請求することができる。請求できる回数に制限はなく、介護終了までの必要なときに利用することが可能。
時間外労働の制限	1回の請求につき1カ月以上1年以内の期間で、1カ月に24時間、1年に150時間を超える時間外労働の制限を請求することができる。請求できる回数に制限はなく、介護終了までの必要なときに利用することが可能。
深夜業の制限	1回の請求につき1カ月以上6カ月以内の期間で、深夜業(午後10時から午前5時までの労働)の制限を請求することができる。請求できる回数に制限はなく、介護終了までの必要なときに利用可能。
転勤に対する配慮	事業主は、就業場所の変更を伴う配置の変更をする場合、就業場所の変更によって介護が困難になる労働者がいるときは、その労働者の介護の状況に配慮しなければならない。
不利益取扱いの禁止	事業主は、介護休業などの制度の申し出や取得を理由として解雇などの不利益取扱いをしてはいけない。
介護休業給付金	雇用保険の被保険者が、要介護状態にある家族を介護するために介護休業を取得した場合、一定の要件を満たせば、原則として介護休業開始前賃金の67%が支給される。

介護が始まったら

15

介護休業給付金をもらうにはどうする？

介護休業を取得した期間、無給になった場合には介護休業給付金制度を利用しましょう。

雇用保険から賃金の67％が支給されます

介護休業の制度は、育児・介護休業法という法律で認められた権利です。しかし残念ながら、賃金についての規定がありません。そのため、休業中に給与を支払うかどうかは、各企業の就業規則や労使協定によって異なり、「休業中は無給」という企業も多いようです。しかも**介護休業中は、健康保険や厚生年金などの社会保険料は支払い続け**なくてはいけません（「育児休業」には社会保険料の免除があるため、混同しがちです。注意してください）。

その対策としてあるのが、**介護休業給付金**です。雇用保険から支給されるもので、金額は**介護休業前賃金の67％、最長93日まで支給**されます。ただし、介護休業期間中に賃金の67％以上80％未満が会社から支払われている場合には、賃金の80％との差額が支給されます。賃金の80％以上が支給されている場合は、介護休業給付金の対象にはなりません。

もしも介護休業給付金を受けとっている間に離職した場合は、離職した月から給付金は支給されません。「仕事を辞めたのだから、雇用保険（失業手当）を受けとれるのではないか」と思うかもしれませんが、**雇用保険**は「働ける状態なのに仕事がない」という場合に給付されるもの。**介護で働けなくなって辞めた場合は、受給対象になりません。**その場合、雇用保険の基本手当受給期間の延長の手続きをしておきましょう。介護休業給付金も雇用保険も、窓口はハローワークです。

介護休業給付金を受けとるには

介護休業給付金の対象になる人

条件は3つ

- 65歳未満
- 家族を介護するための休業をしている雇用保険の被保険者
- 介護休業開始日前2年間に、賃金支払基礎日数が11日以上ある月が12カ月以上ある

介護の対象者は

- 配偶者、父母、子、配偶者の父母
- 同居し扶養している祖父母、兄弟姉妹、孫

介護休業給付金の給付の流れ

①介護休業開始

▼

②最長3カ月（93日）以内に介護休業終了 | 同じ家族については93日を限度に3回まで支給

▼

③事業主からハローワークに支給申請書を提出 | 本人ではなく事業主が申請する

▼

④支給（または不支給）の決定

支給額

休業開始前賃金日額 × 支給日数 × 67%

▼

例：月給30万円で50日間休業した場合

30万円／30日 × 50日 × 67% ＝ 33万5000円

16

施設に入ったら

親の家が空き家になった。管理はどうする

在宅介護から施設介護に移る場合、気になるのはそのタイミングと空き家になる実家です。

空き家の見守りサービスを活用しよう

在宅での介護が限界になってくると、施設への入居が選択肢になります。しかしせっぱ詰まってから動いても、介護老人福祉施設（特養）などの公的な**介護保険施設は、部屋が空いているとは限りません。**その場合、多少費用が高くても民間の介護つき有料老人ホームや認知症高齢者向けのグループホーム、低料金の老人ホームであるケアハウスに入居させたりしながら、**特養に移るのを待つ**人が多いようです。しかし、あわただしく動いていると施設のサービスや費用をじっくり検討する時間もありません。トラブルを回避するためにも早めに**施設の情報や空き状況を調べておきたい**ものです。

入居となると、心配になるのは親の自宅です。すぐに売却とはいかない場合は空き家になります。実家が遠距離で管理できない場合、**民間企業の空き家管理サービス**などを利用する方法も検討しましょう。室内の通風や換気、清掃などを定期的に請け負ってくれます（月1回1時間程度で1万円など）。

空き家を有効活用するなら、「**移住・住みかえ支援機構（JTI）**」のマイホーム借上げ制度を利用して賃貸する方法もあります。シニア（50歳以上）の自宅をJTIが借り上げて賃貸に出し、一度入居者が決まればその後は空室になっても規定の賃料を保証。再び家に戻ることも可能です。また、**賃貸のまま親が亡くなると、**相続時に土地や建物の**評価額が下がる**ため、相続税の面でも有利です。

「マイホーム借上げ制度」とは

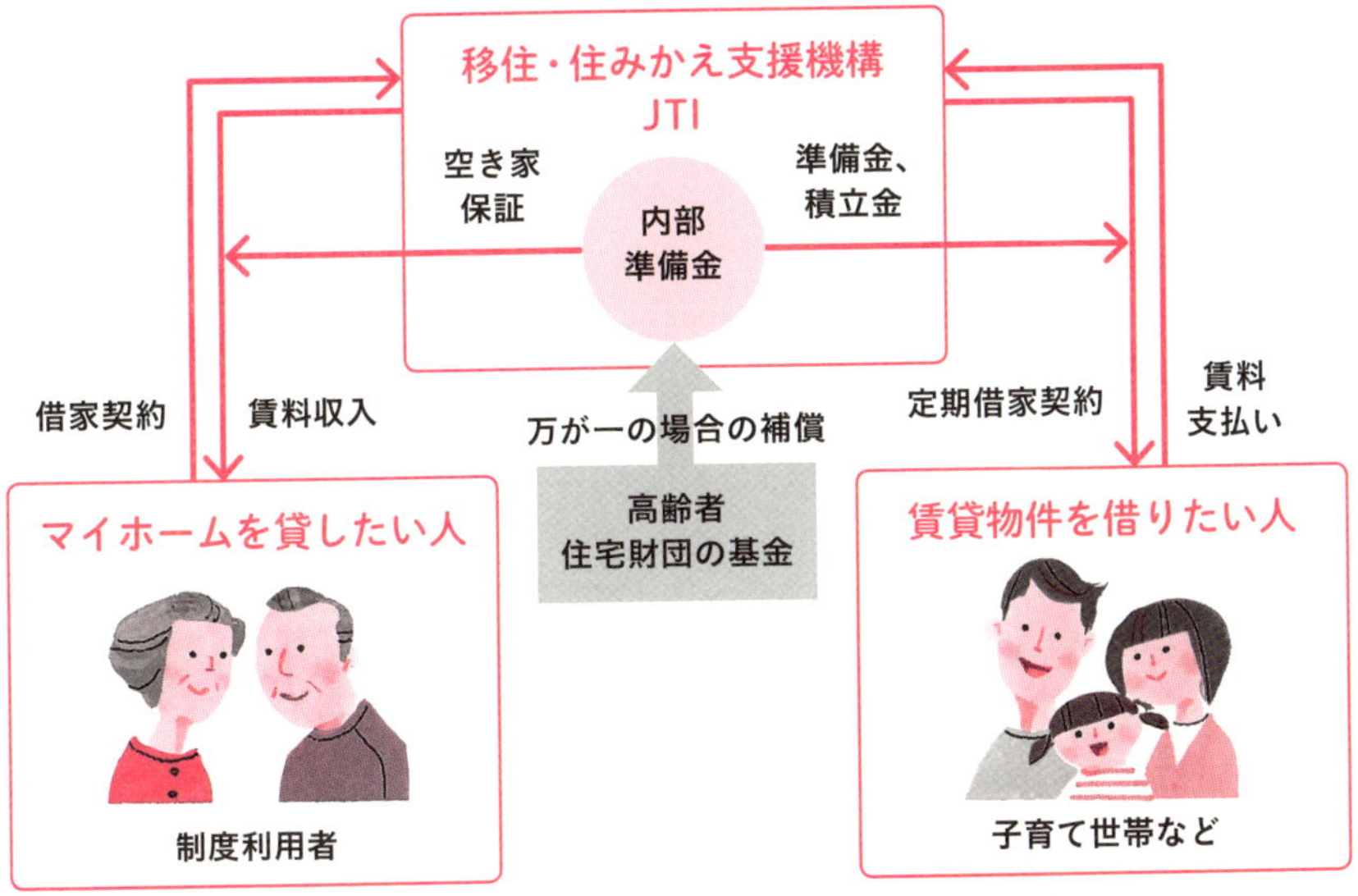

メリット（マイホームを貸したい人）

- 公的制度にもとづく安定した賃貸収入
- 入居者との契約終了時に自宅に戻ることも可能
- 土地や建物は子どもが相続できる

メリット（賃貸物件を借りたい人）

- 良質な借家の循環
- 敷金なし
- 壁紙など一定の改修が可能
- 入居を継続する場合、優先的に再契約

注意点

- 募集賃料は対象住宅エリアの賃貸相場の動向や建物の状況から判断し、決定
- 毎月の賃料に諸経費がかかる（決定賃料の15％）
- 耐震性の低さや老朽化がわかったら、貸主負担の工事が必要

民間企業の空き家管理サービスの例

企業名・サービス名	内容	費用
大東建託パートナーズ 空き家管理サービス	月1回、室内の通風や通水、換気、清掃や片づけなどをしてくれる（内外部巡回サービス）	月1回10,000円（税別） 外部巡回サービスは月1回5,000円（税別）
ALSOK るすたくサービス	月1回、敷地内に立ち入って巡回、郵便物回収もおこなう。	月額4,000円（税別）

親が亡くなる前から備える

「相続税」対策と相続問題

「うちはきょうだい仲よしだし、遺産もないし」は、甘い！

相続問題や相続税の話なんて「うちには無関係」と思っている人は少なくありません。しかしそう言い切れるのは「相続人が自分だけ」で「相続税がかからない」ケースのみです。２０１５年の相続税法の改正以来、「え？　うちも相続税がかかるの？」とあわてる人も増えてきました。特に親の家が、地価の高い東京23区や、ターミナル駅近くの戸建てであれば注意が必要です。

相続税がかかるかどうかは、親が亡くなる前からでもチェックはできます（左表）。土地の評価額は毎年変わりますので、国税庁のホームページで確認しましょう。固定資産税評価額は、毎年送られてくる納税通知書に書かれています。

相続税がかかることがわかったら、税理士などの専門家に相談してみるといいでしょう。生前に相続対策をするのであれば、ファイナンシャルプランナーがさまざまな観点から助言してくれます。

さらに、きょうだいがいると相続トラブルが発生しやすいもの。「うちは仲がいいし」「たいした金

相続税がかかるかどうかチェック

課税される総資産は？

財産	評価額の目安		金額
土地	路線価	=	円
建物	固定資産税評価額	=	円
現金・預貯金	残高	=	円
債券・株式・投信	時価	=	円
その他の財産	自動車、家財、美術品ほか	=	円
ゴルフ会員権	時価×70%	=	円
死亡退職金	500万円×法定相続人を差し引く	=	円
死亡保険金	500万円×法定相続人を差し引く	=	円
3年以内に贈与した財産		=	円
		総資産の合計 =	万円

遺産総額		債務		課税されない財産		基礎控除		課税される遺産総額
万円	−	万円	−	万円	−	万円	=	万円
上のリストの合計金額		・住宅ローン ・借入金など		・仏壇仏具 ・葬式費用など		3000万円＋（法定相続人×600万円）		この数字がプラスなら相続税が発生

出典：日本FP協会「60代から始めるマネー＆ライフプラン」

相続税がかかる場合の対策

節税対策
財産の評価額を下げるための不動産活用をする。「小規模宅地等の特例」を利用すれば、50〜80％評価額を下げられる。

財産移転対策
生前贈与（年間110万円未満なら非課税。ただし死亡前の3年間のものは課税）などを利用して財産そのものを減らす方法も。

納税資金対策
相続税は原則として「被相続人が亡くなってから10カ月以内に現金で納入」すべきもの。物納制度なども検討しつつ資金の準備を。

額ではないし」と油断してはいけません。家庭裁判所の相続問題の相談件数のうち、遺産総額1千万円以下の家事問題は実に3割を超えています。巨額の遺産でなくても、もめるときはもめるのです。

法的に有効な遺言書を残してもらおう

相続トラブルが多いのは、「遺産が実家（不動産）とわずかな預貯金だけ」というケースです。不動産は簡単に分割することはできませんので、実家を相続した子どもが、ほかのきょうだいに「代償金」として相当額を渡すことになります。でも現実には「渡せるお金がない」こともあり、もめる原因に。

また、親と同居し介護も担っていた子どもが実家を相続した場合、本人は「実家を相続する当然の権利がある」と考えますが、ほかのきょうだいはそう思わず、トラブルになることも。争いごとを避けるためには、法律的に不備のない遺言書を、親が元気なうちに作成してもらうことです。全文を自筆で記入し、日付を入れ、押印したものであれば「自筆証書遺言」として認められます。さらに確実なのは、公証役場で公証人に遺言を口頭で伝えて文章化してもらう「公正証書遺言」です。

親が離婚や再婚をしていたり、内縁の夫や妻がいたり、親族以外の人にお世話になっていたりする場合は特に、正式な遺言書があると安心です。

ちなみに、親が「長男に全財産を譲る」と書いていたとしても、法定相続人（配偶者・子ども・父母）には「遺留分」があり、最低限の遺産を受けとる権利があります。相続人が子どもだけであれば、遺留分は2分の1。全財産が2000万円だった場合、長男には1000万円で、残り1000万円が遺留分になり、残りの子どもで分けることになります。そのようなことにならないためにも、生前から親の本意や、子どもどうしの思いを伝え合いたいものです。

監修者

◆**第1章・第2章監修**

服部万里子 はっとりまりこ

看護師、社会福祉士、主任介護支援専門員。一般社団法人日本ケアマネジメント学会理事研修委員長。NPO渋谷介護サポートセンター事務局長。服部メディカル研究所所長。早稲田大学卒業。一般企業に勤務の後、病院に勤務しながら看護師資格を取得。10年間勤めた病院を退職した1989年、高齢者医療看護福祉のコンサルティング事業（服部メディカル研究所）を看護師3名で立ち上げる。1999年にNPO渋谷介護サポートセンターを設立し、2000年より居宅介護支援事業を開始。現在もケアマネジャーとして活動している。2001年産業能率大学経営情報学研究科卒（MBA取得）。2000年より城西国際大学教授、2007年より立教大学コミュニティ福祉学部福祉学科教授。著書に『服部万里子のケアマネジメント実践法――インテークからケアプラン評価まで』（中央法規出版）など。

◆**第3章監修**

黒田尚子 くろだなおこ

CFP®、1級ファイナンシャル・プランニング技能士、消費生活専門相談員資格。

大手シンクタンク勤務を経て、ファイナンシャルプランナー資格を取得。1998年独立。「夢をカタチに」をモットーに、書籍、ウェブサイトへの執筆、講演、個人相談など幅広く活動をおこなう。乳がんサバイバーである自らの体験をふまえ、がんなど病気に対する経済的備えの重要性を訴える活動をおこなうほか、老後、介護、消費者問題にも注力する。著書に『がんとお金の本』（ビーケイシー）、『50代からのお金のはなし　介護、相続、実家対策まるわかり』（プレジデント社）などがある。

参考文献

『最新　図解でわかる介護保険のしくみ』服部万里子著／日本実業出版社
『親の介護は9割逃げよ――「親の老後」の悩みを解決する50代からのお金のはなし』黒田尚子著／小学館文庫プレジデントセレクト
『家族を家で看取る本』村松静子監修／主婦の友社
『親ががんになったら読む本』山口建著／主婦の友社
『親の認知症に気づいたら読む本』杉山孝博監修／主婦の友社
『親が倒れた！　親の入院・介護ですぐやること・考えること・お金のこと』太田差惠子著／翔泳社
『親の入院・介護が必要になったときに読む本――保険・医療費から在宅介護・施設選びまで』豊田眞弓編著／日本実業出版社
『ある日、突然始まる　後悔しないための介護ハンドブック』阿久津美栄子著／ディスカヴァー・トゥエンティワン

※本書の情報は2018年8月現在のものです。

Staff

装丁・本文デザイン　梅井靖子（フレーズ）
イラスト　おのでらえいこ
取材・文・構成　神　素子
DTP　鈴木庸子、松田修尚（主婦の友社）
編集担当　浅野信子（主婦の友社）

入院《にゅういん》・介護《かいご》「はじめて」ガイド

平成30年9月30日　第1刷発行

監　修　服部万里子《はっとりまりこ》（第1章・第2章）　黒田尚子《くろだなおこ》（第3章）
発行者　矢﨑謙三
発行所　株式会社主婦の友社
〒101-8911　東京都千代田区神田駿河台2-9
電話　03-5280-7537（編集）　03-5280-7551（販売）
印刷所　大日本印刷株式会社

ISBN978-4-07-433012-6

■ 本書の内容に関するお問い合わせ、また、印刷・製本など製造上の不良がございましたら、主婦の友社（電話03-5280-7537）にご連絡ください。
■ 主婦の友社が発行する書籍・ムックのご注文は、お近くの書店か主婦の友社コールセンター（電話0120-916-892）まで。
＊お問い合わせ受付時間　月～金（祝日を除く）　9:30～17:30
主婦の友社ホームページ　http://www.shufunotomo.co.jp/